「強い円」はどこへ行ったのか

唐鎌大輔

日経プレミアシリーズ

はじめに

中長期的に「腐りにくい議論」を

2022年3月以降、世界がウクライナ危機に揺れる最中、日本ではもっぱら円相場の続落が賑々しく報じられた。為替市場を中心とする経済・金融分析を生業とする筆者のもとにも多くの照会が寄せられた。2022年の「円安狂騒曲」とも言える状況に至る前年の2021年を通じ、筆者は「いつまでも新型コロナウイルス感染対策に拘泥する日本は金融市場から忌避されつつある」という趣旨で多くのレポートを発信し、とりわけ2021年秋からは望まぬ円安が一段と進む可能性に不安を示してきた。そうした経緯もあって、2022年春以降の円安を受けて「今回の円安をどう解釈すればよいのか。1冊の書籍にまとめて欲しい」という依頼は、いくつかのメディアから頂いていた。

しかし、今回に限らず、筆者は為替市場の変動に関して書籍という形で分析を固定化し、社会に向けて発信することは常に陳腐化のリスクと隣り合わせであり、危うい行為だと考えている。よって、基本的にはお断りしてきた。目先の市場動向を分析するために書籍という媒体は全く向いていない。主要な経済誌の多くが識者のオンラインコラムを抱えていることにも表れるように、例えば週刊という頻度でも市場動向を捉える媒体としては決して向いているとは言えない。まして、書籍はもっと向いていないと考えられる。

だが、その市場変動が何がしかの構造的な変化を孕んでいる可能性があるならば、備忘録として分析を残す価値はある。今回、筆を執った背景には、そのような思いがある。それゆえ本書では、「1ドル＝○円」といった名目的な価値の変遷には極力捉われず、あくまで中長期的な議論、ラフに言えば「腐りにくい議論」に努めたつもりである。円安になれば円安を、円高になれば円高を殊更強調するような新書が多い印象だが、本書はそうした節操のない書籍とは思われないように丁寧な議論に腐心した。本書のタイトルも方向感を前面に押し出すようなものは控えて欲しいと、版元にご要望差し上げた次第である。

今後の為替相場が円安にいくのか、円高にいくのか。もしくは円安は良いことなのか、悪いことなのか。巷説で取り上げられやすい単純な二元論に拘泥するのではなく、「円（ひいては日本経済）の構造変化」をできるだけ簡易に描写し、感じて頂くことを本書の目的とした。よって、「明確な方向感を直ぐ知りたい」と切望する読者よりも「日本経済や円の何が変わっているのか（あるいは変わろうとしているのか）」を長い目で知りたい読者の期待に応えたつもりである。

筆者の業務上、このような長期的視点は機関投資家の方々などから時折問われることが多い印象だが、個人の資産形成にとっても当然重要だと思われる。本文中で論じるように、善悪は別にして、2012年以降の日本経済や円を取り巻く環境は、確実にそれ以前の時代とは大きく変わってきている。その事実を周知するだけでも、為替への執着が非常に強い日本という国の特性を踏まえれば、意味があると考えた次第だ。

「50年ぶりの円安」で考える今後

本文中でも議論するが、2021年から2022年に見られた円安は、日本という国の政治・経済が忌避された結果にも見受けられた。実際、経済成長率や金利、需給といった基礎的経済条件（ファンダメンタルズ）に照らして円売りには一定の正当性があるように見えた。日本の歴史上、これほど内外のファンダメンタルズが噛み合った円売りというのも珍しいというのが筆者の抱いた率直な印象であった。

日本で本格的に円安の危うさがクローズアップされ始めたのは2022年3月以降で、4月以降は断続的に「対米ドルで20年以上ぶりの円安水準」が耳目を集めた（※以下、特に断らない限り、米ドルは単にドルと表記する）。日本で円相場と言えば、暗に対ドル相場のことを指すことが多いが、実はドル以外の通貨に対しても円は全面安だった。マスメディアの解説において円安は「ドル高の裏返し」と解釈されがちだが、実態はもっと幅広く理解する必要があった。

この点、為替市場では、特定の通貨ペアを見ているだけでは捉えられない、相対的な通貨の実力を測るための総合的な指標として実効為替相場という考え方がある。この実効相場には、内外の物価格差を考慮した実質ベース、それを考慮しない名目ベースの2種類があるが、当該国の主要貿易相手国に対する実力・総合力といった場合、実質ベースの実効為替相場（Real Effective Exchange Rate：通称REER）を使うことが多い。このREERは既に2021年末時点で変動為替相場制に移行した1973年直後と同水準まで落ち込んでいた。これを取り上げて「約50年ぶりの円安」というヘッドラインが取りざたされたことは多くの読者も承知のことかと思われる。上述したように、目先の相場動向を分析するために書籍という媒体は全く向いていないが、50年ぶりに記録された安値水準を前に、一過性ではない恒久的な構造変化の胎動を考察するのは自然な分析態度でもある。

確かに値動きを見ると「何か大きな変化が起きているのではないか」という気持ちにはなる。本書執筆（2022年7月末）時点のドル／円相場は、2022年初来の値幅（最高値－最安値）が25・9円（139・38－113・48）に達している。これはアジア通貨危機の翌年でロシアLTCM危機があった1998年（35・81円）以来の大きさとなる。なお、1985年のプラザ合意以降の38年間（1985～2022年）で25・9円を超えた年は6回（1985年、1986年、1987年、1989年、1990年、1998年）しかない。1998年以外の1985～1990年という時代は、プラザ合意直後で国際的な政策協調の余韻が残る時代とも言えた。また、上記6回のうち2022年と同じ円安方向の変動だったのは1989年しかない。これは1980年代を通じて徐々に規制緩和が進んだ対外証券投資（為替取引としては円売り・外貨買い）がピークを迎えていた時代だったという事情などが指摘される。

周知の通り、1989年は日本経済がバブルの絶頂にあった時期で、証券投資に限らず日本から海外へのリスクテイクが非常に旺盛だった時代として知られる。もちろん、名目為替レートの値幅に過度な意味を求めるべきではないが、本書執筆時点における2022年の値動きがそうした時代を引き合いに出さねばならないほど歴史的な大きさであることは事実である。こうした状況下、変化に構えようとする分析態度はやはり妥当なものであるように感じる。

10年ひと昔

もともと「安全資産としての円買い」や「リスクオフの円買い」といったフレーズは、金融市場になじみの薄い人々には理解の難しい概念だった。世界最悪の政府債務残高を抱え、世界最速ペースで少子高齢化が進み、G7の中でも圧倒的に潜在成長率が低い国の通貨がなぜ安全なのか。経済・金融に明るくない普通の人々が直感的に疑問を持つのは当然である。

例えば、筆者の記憶では「なぜ円が安全資産なのか」という疑問を最もぶつけられたのが、2011年3月11日に発生した東日本大震災とこれに伴う福島第一原子力発電所の事故を受けて1ドル＝80円を割り込む円高・ドル安が進行した時だった。100年に1度の国難とまで言われ、原発事故に伴い首都東京が壊滅するという言説まで流れたあの時ですら、円は買われた。その後も、北朝鮮が日本に向けてミサイル発射実験をした時も買われるという事態があった。危機の当事者が日本であっても、円だけは逃避先として買われるという事態が再三繰り返されてきた。

これらの出来事は、一部で「日本売り」というフレーズと共に円安が進んでいる本書執筆時点から見て10年程前の話だ。この10年の変化を踏まえるだけでも、「2011～2012年頃からの約10年間で日本経済、とりわけ円相場の構造が変わったのか」というテーマは考える価値があるように思えてくる。

今回は緊急的な依頼かつ一般的な読者を想定した新書ゆえ、日本経済を広くあまねく振返って過去・現在・未来と議論を展開することは趣旨にそぐわない。その代わりに「2011～2012年頃からの約10年間で日本経済、とりわけ円相場の構造が変わったのか」という点を重視した上で、極力客観的なデータを通じて構造変化の可能性を指摘したつもりである。あくまで可能性であって絶対にそうだというつもりはないが、筆者は今、全ての日本国民に知って欲しい変化だと考え紹介させて頂いた。資源の純輸入国である日本にとって「通貨の価値」は国民生活の生殺与奪に関わる重要なテーマである。歴史的に円安を絶対正義と見なす時代が長かった日本にとって、このテーマを理解するのは難しいかもしれない。

しかし、一般的な議論として、通貨高は先進国の悩みだが、通貨安は途上国の悩みである。長年「通貨価値が高いこと（円高）」に悩んできた日本が、「通貨価値が低いこと（円安）」に悩むようになるのだとすれば、それはある意味で先進国から途上国へのステップダウンという意味合いも含みかねない。本書でそこまで大きな議論を深める紙幅はないが、過去10年で円相場の構造が変わり始めているという事実は完全に否定はできないようにも思う。基礎的な経済統計を用いて、その構造変化の実相に迫ってみたいと思う。読者の方々が日常生活で接している日本円の今、そして未来について考える契機を与えることができれば望外の喜びである。

目次

第3章 「安い日本」の現状と展望——観光立国は必然なのか？

第 1 章

「成熟した債権国」の夕暮れ

2021年以降の円独歩安の背景

「2011～2012年頃からの約10年間で円相場の構造がどのように変わったか」という問いに真正面から回答するには、国際収支統計を中心とする日本の対外経済部門の変化を説明するのが分かりやすい。そこで示される変化は、日本という世界に冠たる債権国の置かれた経済環境が大きく変わっているという現実を否応なしに見せつけてくれる。新書という限られた紙幅を前提とすれば、まず第1章で最も重要なこの論点を議論しておきたいと思う。

とはいえ、2021年から2022年において見られた円独歩安（図表1）が本書執筆依頼の経緯でもある。極力、目先の相場動向を取り上げず、中長期的な議論に尽くすという本書の趣旨からすれば本意ではないが、「この期間になぜ円だけが突出して売られたのか」という点について、筆者なりの基本認識も多少示しておきたい。2021年から2022年にかけての日本の政治・経済状況を踏まえる限り、円建て資産に投資する材料は客観的に乏しいと言わざるを得なかった。様々な説明変数が入り混じる為替市場では具体的な材料を複数挙げることができるが、本書では、①成長率、②金利、③需給といった基本的な論点で解説を付けておきたい。本章で主に取り扱う日本の対外経済部門の変化に関しては、③の論点に絡

図表1　ドル/円相場と名目実効円相場

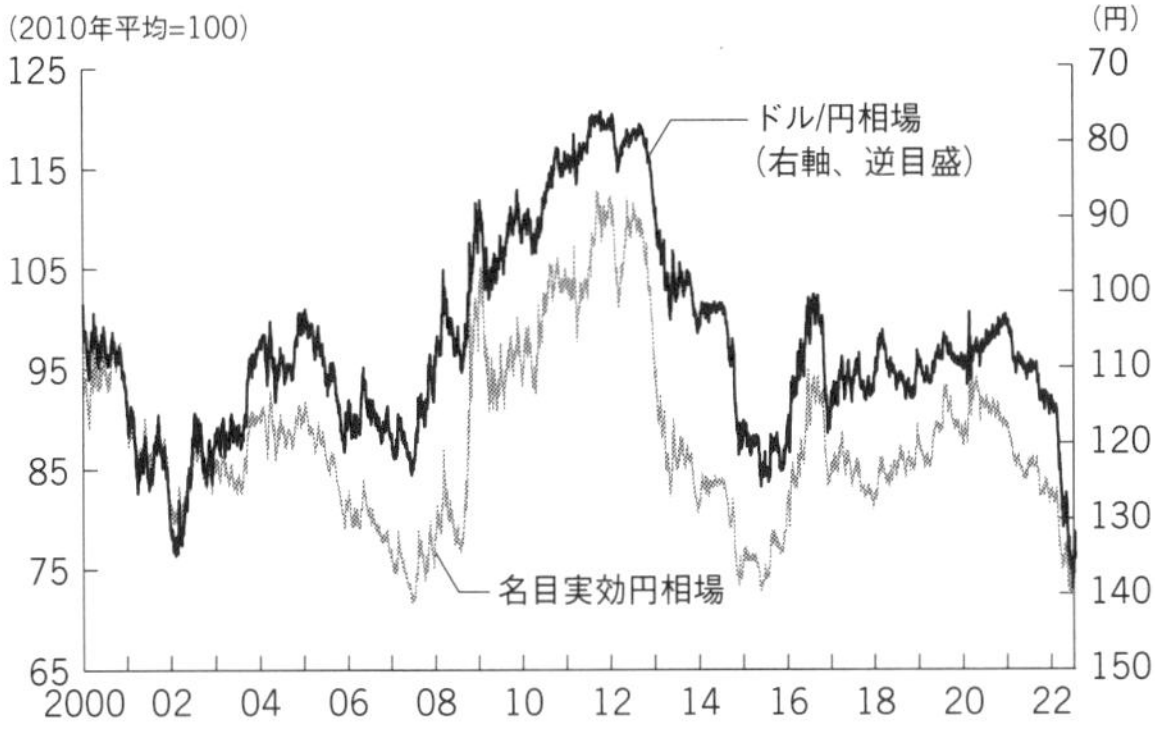

（出所）Macrobond

んだ議論である。ゆえに、そこからが特に重要な議論の始まりとなる。

まず、①だが、経済成長率の強弱が通貨のそれにリンクするほど変動為替相場は単純な世界ではない。常にそういった関係性が成り立つならば、Ｇ７で常に劣等生の日本の円が高くなることなど２０００年代に入ってからあるはずもなかった。しかし、「50年ぶりの円安」が取りざたされた２０２１年から２０２２年に関して言えば、その単純な世界がＧ７通貨の世界では概ねまかり通っているように見えた（図表２）。これはパンデミック後を見据えて２０２１年春から行動制限を解除し、２０２０年の遅れを取り戻すように潜在成長率の２～３倍のペースで

図表2　2021年のG7の名目実効為替相場(※)と実質GDP成長率(2021年)

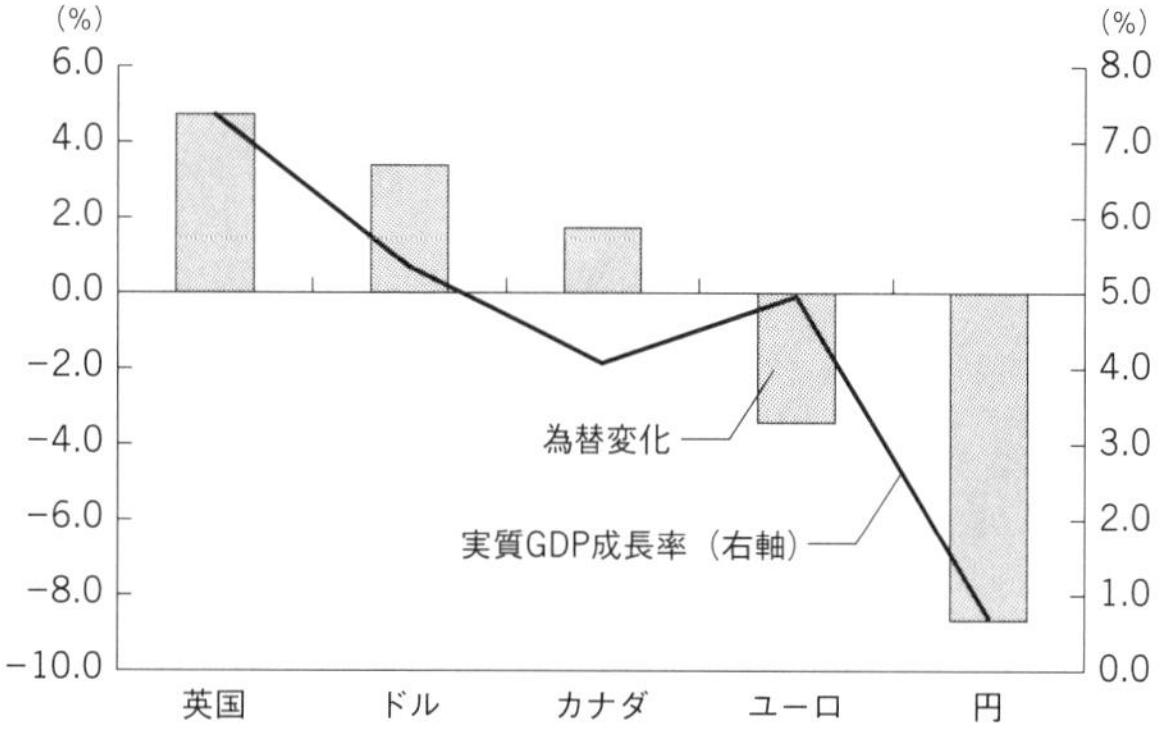

（出所）Macrobond、IMF ※21年12月31日時点

走り抜けることができた欧米経済と、常に日々の新規感染者数の水準に拘泥し、何らかの行動規制に怯えながら歩んできた日本経済との違いにも見えた。

ここで「欧米は2020年の落ち込みが大きかったから2021年の戻しも大きかった」との声も見られがちだが、それは半分正しいが、半分誤りである。図表3は2022年7月発表の「IMF世界経済見通し」における実質国内総生産（GDP）成長率に関して、2020〜2021年の実績と2022年の予測を累積し、比較したものだ。最も高いのが米国で＋4・6%ポイント、最も低いのが日本で▲1・2%ポイントである。マイナスはドイツ（▲0・6%ポイント）と日本だけであり、日本の

図表3　IMF世界経済見通し（2020～2022年の累積成長率）

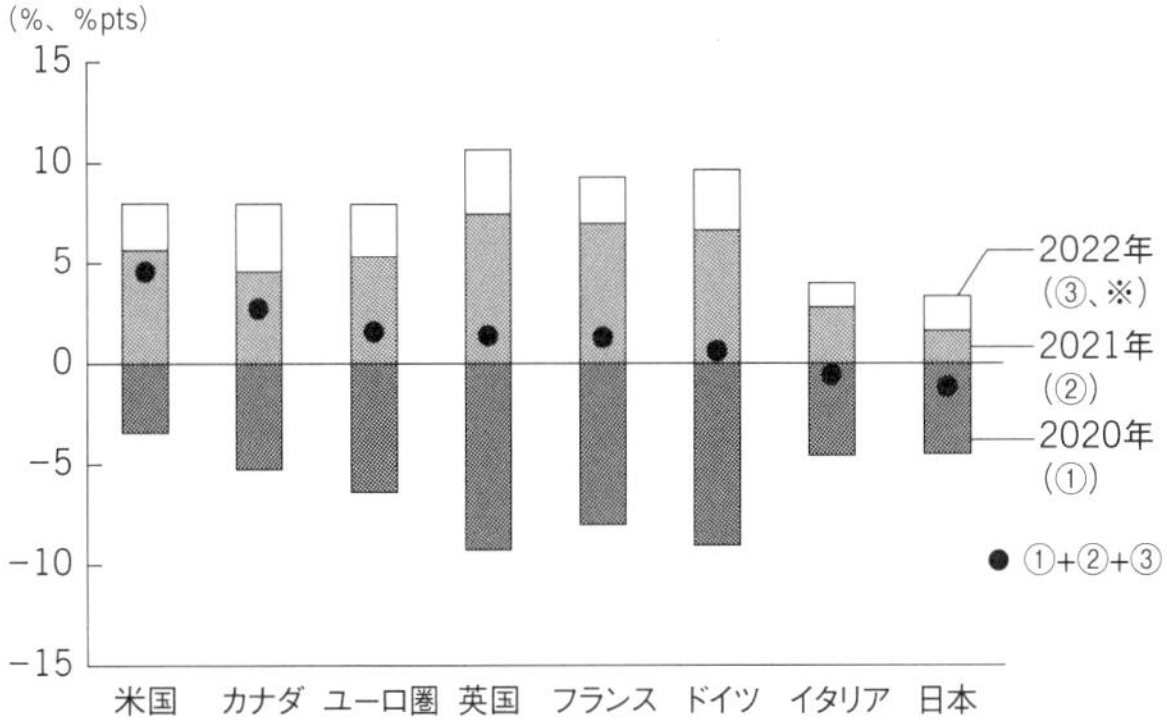

（出所）IMF、2022年は「IMF世界経済見通し」（2022年7月の予測値）

立ち遅れが目立つ。ドイツがマイナスに陥っているのはウクライナ危機の半ば当事者として２０２２年春先以降に急激に景気が冷え込んだという事情がある。２０２１年に関しドイツの成長率は＋２・８％と潜在成長率を大きく超えているため、あくまで「戦争による落ち込み」と整理できる。むしろ、半ば戦争の当事国になっているドイツと比較しても日本の落ち込みが際立って大きいというのが、２０２２年７月時点における特筆すべき事実だろう。

本書執筆時点で日本経済は未だパンデミックの傷が癒えていない稀有な先進国という立ち位置にある。ドイツはパンデミックの傷が癒えようとしていたところに戦争が起き再び沈んだが、日本は２年以上パンデミックの傷を引きずっている。なお、図表3に示されるように、日本の次に冴えないパフォーマンスになっているのがドイツそしてイタリアである。この3か国は原子力発電所の稼働を忌避し天然ガスを筆頭とする資源価格上昇の影響を被りやすいという共通点が指摘できることは知っておきたい。

成長率の格差は金融政策の格差

こうした成長率に関する①の論点は、金利ひいては金融政策に関する②の論点にも関係してくる。パンデミックが直撃した2020年の翌年である2021年、欧米経済は旺盛な需要を復元したことで物価が騰勢を強め、米国、ユーロ圏、英国は軒並み地力と目される潜在成長率の倍以上の成長率を実現した。だからこそ2021年終盤には金融政策の正常化に関する議論が盛り上がり、2022年に入ってからは議論を越えて実行へと歩を進めることができた。2022年以降、欧米ではインフレへの警戒感が著しく高まるようになったが、それは資源価格の高騰もさることながら、好調な経済により需要超過が生じ、原材料や人件費などの生産要素が高騰しているという側面もあった。当然、中央銀行はインフレ抑制のために利上げ姿勢を鮮明化させ、当該国の通貨の金利は着実に上向き、投資妙味も増すことになった。

片や、欧米が旺盛な需要を回復している傍らで日本は新規感染者数の絶対水準に拘泥し、効果の怪しい根拠薄弱な行動規制で成長率を押し下げることに腐心した。本書執筆時点では、感染対策としてのマスク着用を含めた行動規制は少なくとも多くの先進国で標準的な姿勢とは言えなくなっている。しかし、日本では常にあらゆるメディアが日々の新規感染者数を大きく取り上げ、その数が増えるたびに「第○波」を待望するかのような報道姿勢を続けている。マスク着用が義務化されていない分、これを「解除する」という区切りがつけられず、「なんとなく不安なのでマスクは必須」という空気が社会に充満し続けている。筆者は感染症の専門家ではないので対策の効果に関する議論は脇に置くが、こうした厳格な措置を望む国民性が政府の軌道修正を難しくしている印象は強く、本書執筆時点でそれが変わる雰囲気もない。

こうした状況下、欧米対比で日本の消費・投資意欲が劣後するのは必然の帰結だった。2022年半ば以降は、欧米もインフレ下の景気低迷、いわゆるスタグフレーションの懸念が強まっているが、そこに至る前年の2021年に高成長を果たしているというのが、日本との大きな違いだった。

図表4　主要国の政策金利

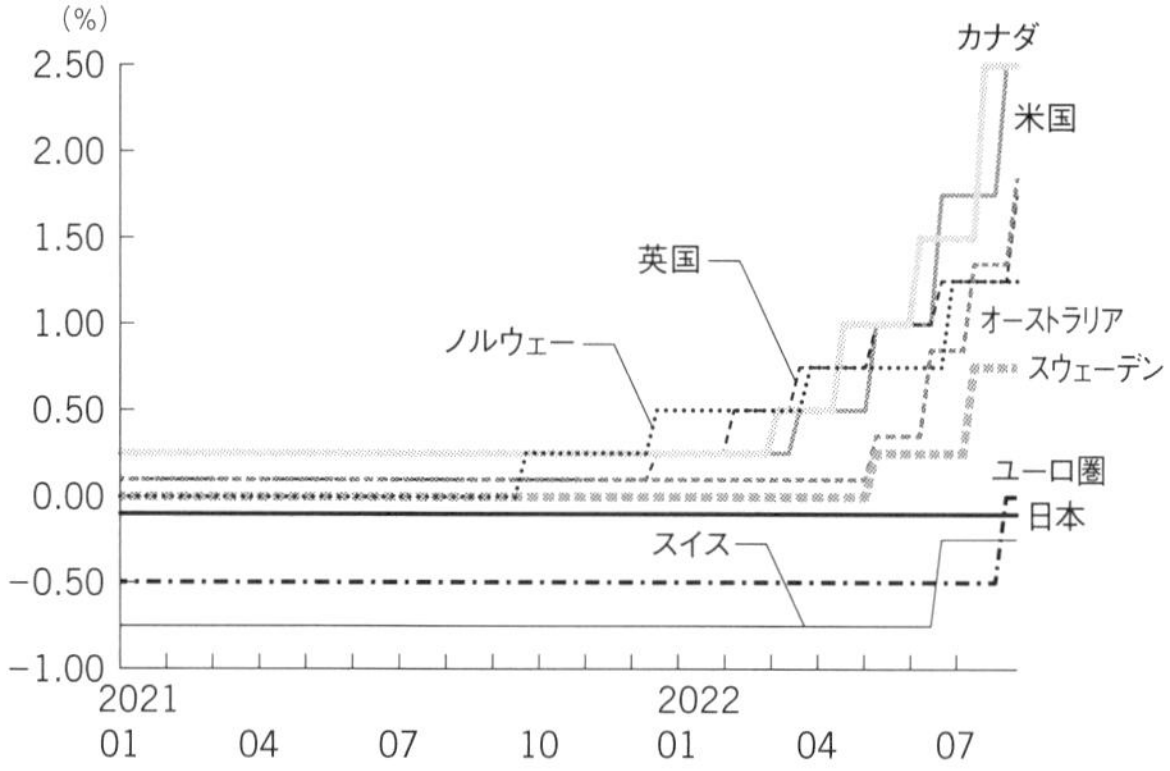

(出所) Macrobond

経済活動の正常化を優先した欧米では旺盛な需要とパンデミックに伴う供給制約が重なってインフレ高進が問題視されるようになり、金融政策は一気に危機対応のための緩和路線から物価抑制のための引き締め路線へ急旋回した。慢性的な行動制限もあって低成長に喘ぐ日本の金融政策がこれに追随できるはずもなく、内外金融政策格差は一段と開き、これが円売りの背中を押すという構図が仕上がった。少なくとも本書執筆時点では、主要国の政策金利は明確に「日本」と「日本以外」に分岐しつつある（図表4）。繰り返しになるが、門外漢の筆者が感染予防策の是非を議論するつもりはない。だが、少なくとも2021年から2022年に限って言えば、新型コロナウイルスに対する向き合い方の違いが成長率格差や金融政策格差ひいては通貨の強弱に繋がってきたという事実はかなり濃厚である。

「鉄壁の需給環境」への信頼

こうした①の成長率や②の金利は、為替市場を動かす重要な論点である。しかし、最も根深い円安要因は③であり、ここからが本章の最も強調したい論点になる。上述した「2011～2012年頃からの約10年間で円相場の構造がどのように変わったか」という問いに深くかかわってくるのがこの論点でもある。すなわち、2022年3月以降で着目される円安相場が今後長きにわたる「安い日本」の始まりを示唆するのだとしたら、この点から現状と展望を議論するのが最も正攻法だと筆者は考えている。

為替市場で円が安全資産と呼ばれてきた最大の理由は、多額の経常黒字を安定的に稼ぎ、結果として「世界最大の対外純資産国」というステータスを保持していたことにあった。これは言い換えれば「世界で最も外貨建ての純資産を有する国」であり、「有事の際にはそれだけ外貨売りを行って時間稼ぎをする余裕がある」という解釈にもなる。実際、対外純資産には売却が難しい資産も多く含まれているはずだが、少なくとも世界に多くの通貨が存在するなか、「相対的に防衛能力が高そうな通貨」であることは事実である。世界最悪の政府債務残高やハイペースで進む少子高齢化、結果としての低成長などにもかかわらず円や日本国債が安定してきた背景に、そうした「鉄壁の需給環境」への信頼があったことは論をまたない。

後述するように、２０１１～２０１２年頃を境として日本は貿易黒字こそ失ったが、それを補って余りある第一次所得収支黒字の存在により経常黒字は高水準を維持してきた。その経常黒字を主軸とする「鉄壁の需給環境」への信頼が揺らいだのが２０２１～２０２２年だったように思える。以下では、理論的な枠組みに沿って、その事情を平易に解説しておきたい。

「国際収支の発展段階説」に見る構造変化

経済学には、国際収支の構造が経済発展に伴い変化するという「国際収支の発展段階説」という考え方がある。１９５０年代に経済学者のクローサーやキンドルバーガーによって提唱された概念だ。簡単に言えば、一国が債務国から債権国へ発展する段階を国際収支の観点から6段階に分けて定義づけする考え方である（図表5）。

図表5 国際収支の発展段階説

	①未成熟な債務国	②成熟した債務国	③債務返済国	④未成熟な債権国	⑤成熟した債権国（2012年頃～現在）	⑥債権取り崩し国（未来？）
経常収支	赤字	赤字	黒字	大幅黒字	黒字	赤字
貿易・サービス収支	赤字	黒字	大幅黒字	黒字	赤字	赤字
第一次所得収支	赤字	赤字	赤字	黒字	大幅黒字	黒字
対外純資産	赤字	赤字	赤字	黒字	大幅黒字	黒字
金融収支	黒字	黒字	赤字	大幅赤字	赤字	黒字

（出所）筆者作成

日本は1970年代以降、貿易黒字を確保した上で、海外投資の利子や配当金などを表す第一次所得収支も黒字を続けてきたことで、常に大幅な経常黒字を記録し続けてきた。その経常黒字の累積が「世界最大の対外純資産国」というステータスである。「貿易収支と所得収支の双方で稼ぐ」というのは、発展段階説で言うところの「未成熟の債権国」（図表5の④）の状態であった。

この状況が変わり始めたのが2011～2012年頃だった。図表6を一瞥すると分かりやすい。

図表6　経常収支構造の変化（10年累積の比較）

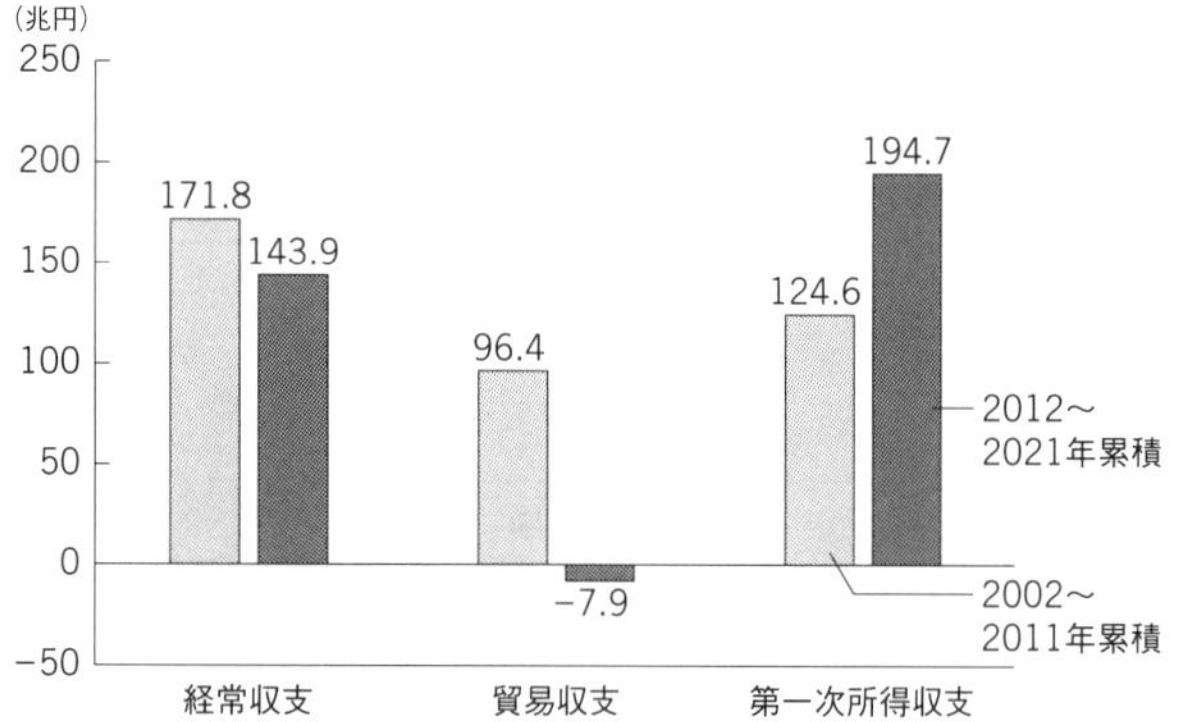

（出所）財務省

例えば「２００２年から２０１１年の累積額」と「２０１２年から２０２１年の累積額」を比較してみると、経常収支は約１７２兆円から約１４４兆円と減少しているものの、依然高水準である。これは貿易黒字が消滅した一方、第一次所得収支が大幅に増加した結果である。[1]具体的に数字を見ると、同期間で貿易収支は約96兆円の黒字から約８兆円の赤字へと変化しているが、第一次所得収支は約１２５兆円から約１９５兆円へ大幅に黒字が拡大している。その結果、経常黒字の減少は限定的なもので済んでいる。

「貿易収支ではなく所得収支で稼ぐ」というのは「成熟した債権国」（図表５の⑤）の姿である。リーマンショック、欧州債務危機、アベノ

図表7 貿易収支とドル/円相場

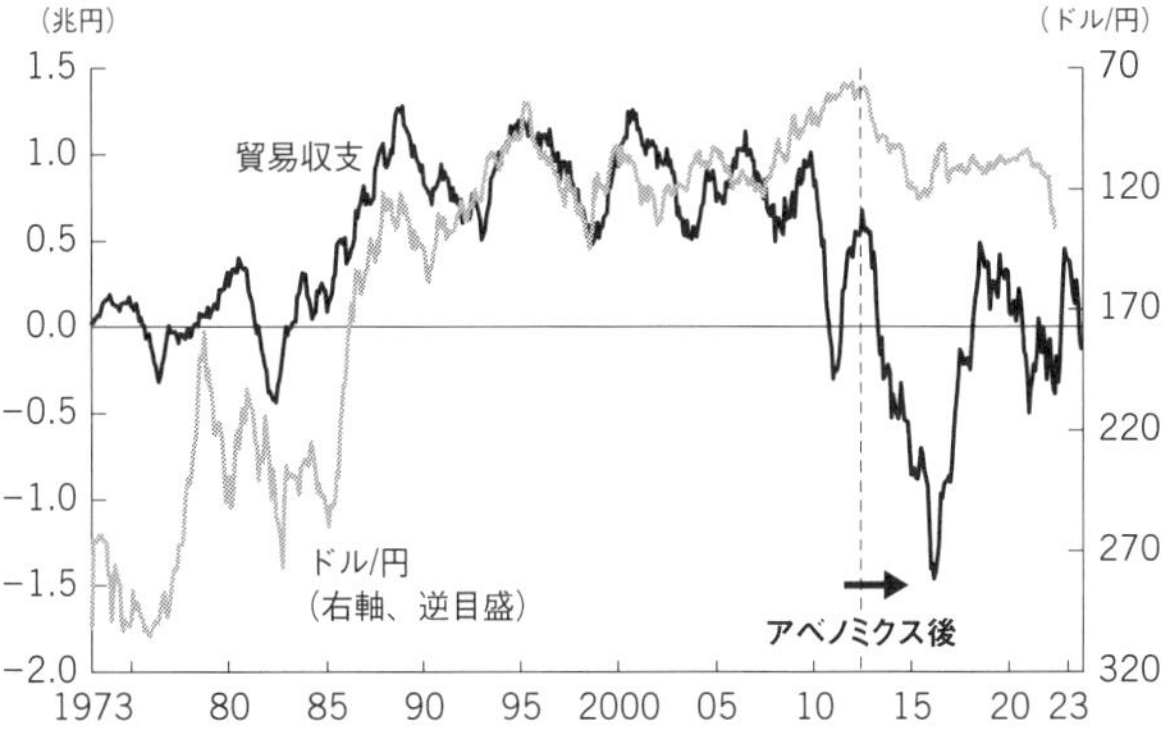

(注) 貿易収支は2年先行させて表示、6ヵ月移動平均を使用。
(出所) Bloomberg

ミクスという局面変化を経験した直後の10年間（２０１２〜２０２１年）で日本は「未成熟の債権国」を卒業し、国の発展段階が１つ進んだという事実は間違いなく、ここに構造変化の跡を確認することはできる。ここまでは賛否が分かれることはほとんどない。

ちなみに図表７にも見るように、２０１２年以降、貿易黒字を稼げなくなったことが、その後に際立った円高・ドル安が起きていないことと無関係とはどうしても思えない。そのタイミングで貿易黒字が消滅した背景はひとつではないだろうが、やはり度重なる超円高や自然災害（地震、台風、津波など）を念頭に、リスクヘッジとして海外へ生産拠点を移管する動きが活発になった事実は頻繁に指摘される。また、東日本大震災に伴う福島第一原子力発電所の事故を契機に日本の電源構成において石炭・火力発電への依存度が高まり、必然的に鉱物性燃料の輸入金額が膨らんだことも注目されやすい（この点は2022年以降、一段とクローズアップされている）。ただ、理由は様々あるにしても、「貿易収支ではなく所得収支で稼ぐ」という段階に進むのは理論的に想定された通りの展開ではある。

「成熟した債権国」への疑念

問題はここからの展開である。理論上、次に到来する段階は「債権取り崩し国」（図表5の⑥）であり、そうなった場合は貿易収支の赤字に加え第一次所得収支黒字も減少へ向かい、経常収支が赤字に転落する。もちろん、そうなるまでの時間軸は非常に長いはずで、近未来の出来事とは考えられない。また、必ずそうならなければならない、というものでもない。

しかし、2021年から2022年にかけては資源価格が急騰し、貿易赤字が非線形に拡大するという事態が見られた2022年上半期（1～6月）の貿易赤字は過去最大（7・9兆円）を記録している。こうしたなか、2021年12月、2022年1月には、連続で経常収支が赤字に転落するという動きも一過性ながら見られた。この際、もともとあった低成長・低金利という短期的な円売り要因に加え、需給構造の変化という長期的な円売り要因も意識されるようになった。実際、当時としては過去2番目の経常赤字を記録した２０２２年1月分の国際収支統計が発表された3月8日の週から円安は加速している。もちろん、国際収支統計と円安相場の因果は断言できるものではないが、そうした事実があったことは知っておきたい。

大きな需給構造の変化を経て「債権取り崩し国」にどれほど近づいているのかは今後長い時間が経ち、歴史を振り返らなければ分からない。筆者もそれを断言するつもりはない。しかし、少なくとも「その可能性を疑って政策を検討・執行した方が無難」というのが、本書執筆時点での筆者の基本認識である。２０２２年3月以降、円安に対して使われるようになった「構造的な変化」の意味合いは「経常収支の悪化（象徴的には赤字化）」を指していることが多そうであり、それは定義上、「債権取り崩し国」への転落を意味することへの恐れが意識されていたように思えた。２０２２年以降に直面した「経常収支の悪化」は「貿易赤字の拡大」と同義であり、これは原油や天然ガスなどの鉱物性燃料価格が急騰していることの結果だった。よって、２０２２年以降に起きている「経常収支の悪化」が構造的な変化として定着し、「成熟した債権国」が「債権取り崩し国」になるのかどうかは資源価格の展望に依存する話でもあった。

資源高は「債権取り崩し国」を予感させる契機に

では、資源価格の騰勢は続きそうなのか。筆者は資源の専門家ではないので多くを語ることはできないが、2022年以降の資源高の背景には脱炭素・感染症・戦争といった大きな「うねり」が指摘されており、これらはある程度、構造的という印象を受ける。例えば、脱炭素を背景とする化石燃料の供給制約はもはや所与の前提と考える風潮が支配的である。また、ウクライナ危機を契機に訪れる「ロシア抜きの世界」が長期化すれば、やはり食料も含めた広い意味での資源の供給制約は解消される目途が立たない。もちろん、脱炭素の潮流が巻き戻されたり、ロシアとの和平が足早に進んだりする可能性がゼロだと言うつもりはないが、資源価格の高止まりは相応に持続性のある相場現象と素人目には映る。

資源の純輸入国である日本にとって、資源価格が高く固定化されることは経常収支や貿易収支の悪化が構造的に宿命づけられることを意味する。それは「成熟した債権国」が「債権取り崩し国」へと近づくことを（少なくとも数字上は）意味するだろう。「『債権取り崩し国』に向かっている」という理解が（真偽はさておき）支配的になった時、円が安全資産と見なしてもらえるかどうか。筆者は日本で経常赤字がすぐに定着するとは思っていないが、少なくない市場参加者が「そうなる可能性」に思いを巡らせたのが２０２２年3月以降だったように思う。

ちなみに、今後の日本が経常黒字を維持できたとしても、それは「成熟した債権国」として第一次所得収支黒字を主柱とする経常黒字という話になる。だが、第一次所得収支黒字の中身である外国有価証券の利子や配当金、または対外直接投資に伴う再投資収益などは統計上でこそ「黒字」として記帳されるものの、外貨のまま再投資される性質のフローが多く、円買い・外貨売りの為替取引を伴わないことが想定される。

為替市場において重視されるべきは円の買い切り・売り切りといった為替取引に繋がる貿易収支であり、この点は赤字が持続する公算がやはり大きい。このような実情を踏まえれば、第一次所得収支黒字を中心とする日本の経常黒字は２０１２年頃から、円相場を支えるという観点に立てば「張り子の虎」だったという事実は知っておきたい。実際、為替市場では２０１２年以降、超円高で世の中が大混乱に陥るようなことはなくなっている。

図表8　日本の対外純資産と内訳

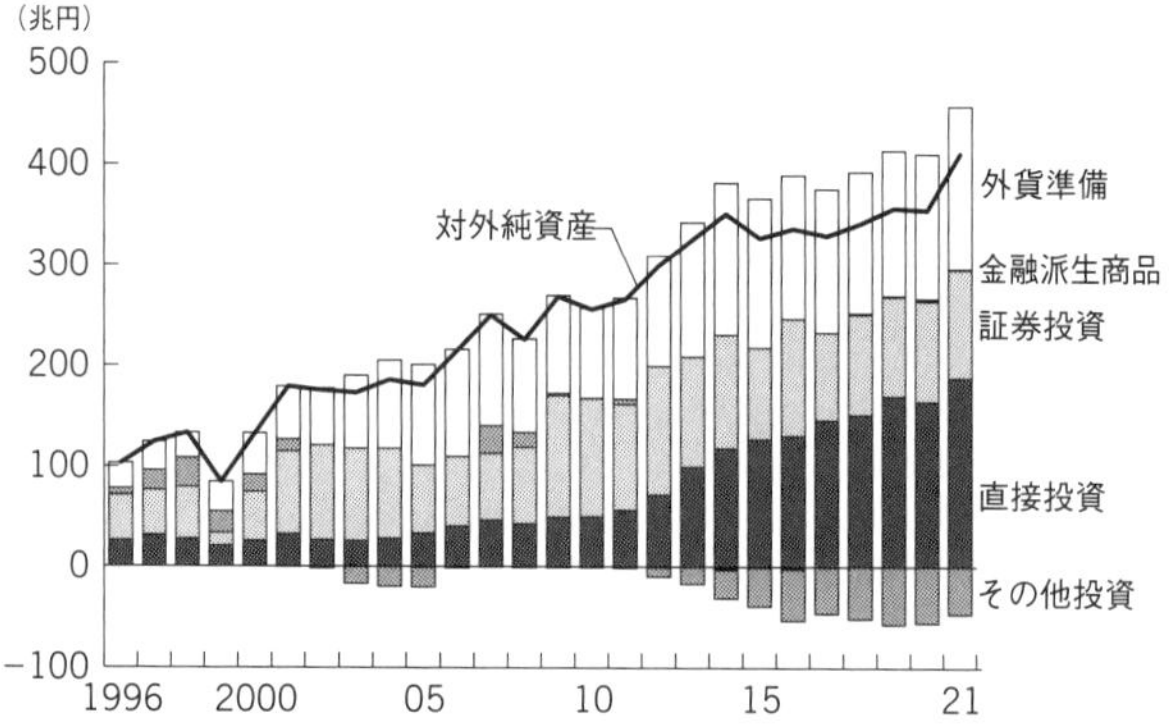

（出所）財務省

変わる「世界最大の対外純資産国」の構造

なお、経常黒字を続ける限り、その累積結果としての対外純資産は増え続けるため、「世界最大の対外純資産国」という安全資産の拠り所とも言えるステータスは保持される。しかし、日本の対外純資産は残高として増勢を維持する一方、その構造は大きな変化に直面している。それもやはり2011～2012年頃からの10年間の話である。具体的には、2000年代前半においては日本の対外純資産はその大半が証券投資残高、すなわち米国債や米国株などに代表される海外の有価証券だった。しかし、図表8に示すように、2011～2012年頃を境に日本から海外への対外直接投資が増えた結

図表9 日本の対外純資産に占める直接投資および証券投資の割合

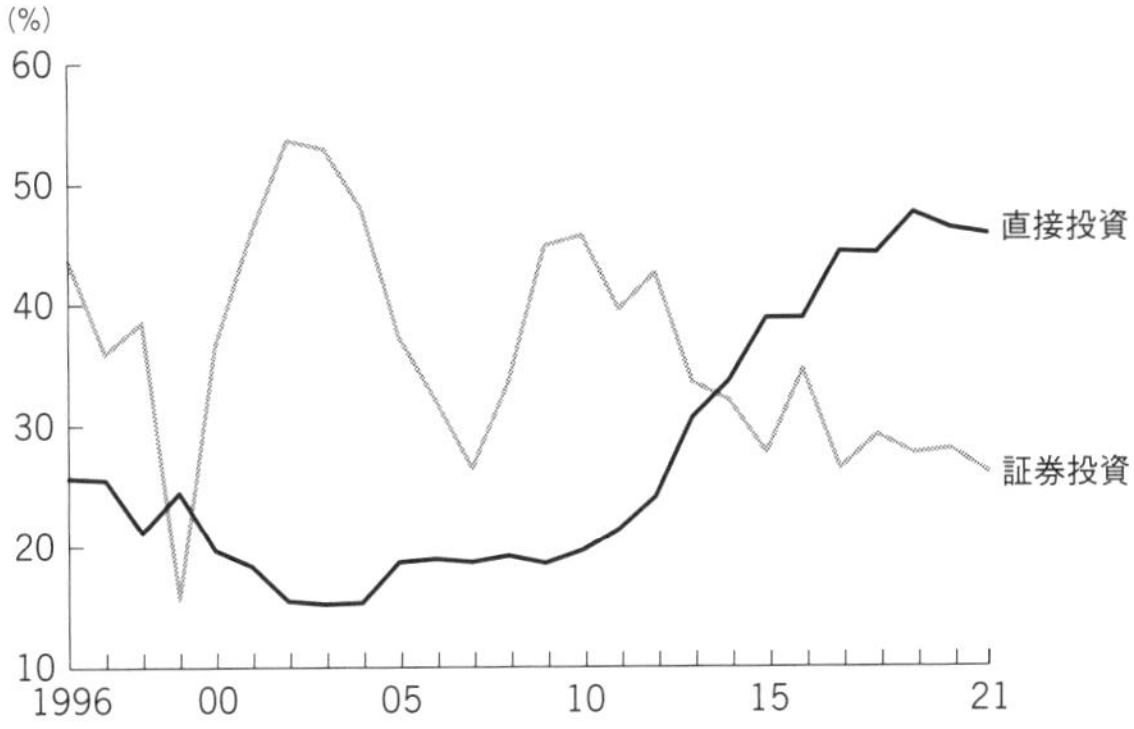

（出所）財務省

果、２０２１年末時点では約半分（45・8％）は直接投資残高になっている。これは日本企業による旺盛な海外企業の買収（いわゆるクロスボーダーM&A）の結果である。

図表９に示すように、２０１１～12年以降の約10年間で対外純資産における証券投資と直接投資の比率は逆転し、その後拡大傾向にある。リーマンショック後は「金利なき世界」が常態化していたので収益率に優れる直接投資が証券投資よりも好まれるのは合理的な展開だったが、背景事情はそれだけとは考えにくい。それまで断続的に日本が直面していた超円高や自然災害（地震、台風、津波など）、硬直的な雇用法制など日本特有の様々なカントリーリスクが考慮された結果、直接投資は増えてきたのだと

いう解説は多い。とりわけ、2011〜2012年という時代を境にして直接投資が増えていることに鑑みれば、やはり2008〜2012年の超円高局面、2011年3月に発生した東日本大震災などの影響は大きかったのではないかと推測される。

だが、それでも日本経済に投資することの期待収益率が依然高ければ、軽々に「海外に打って出る」という判断にも至らない。結局のところ、少子高齢化を背景に縮小する国内市場という人口動態要因がある限り、日本企業の視線が国内ではなく海外に向くというのは自然な展開なのだと考えられる。

こうした対外純資産構造の変化は、円相場の動き、とりわけ「安全資産としての円買い」にとって非常に重要な話である。というのも、リスク回避ムードが強まったとき、流動性の高い海外有価証券を手放して円貨に換える（＝円買いする）ことはあっても、買収した海外企業を簡単に手放すとは考えにくい。直接投資が対外純資産においてより大きな割合を占めるようになったということは、「外貨のまま戻ってこない円の割合が増えた」ということを意味する。もちろん、日本という国が抱えている為替リスクは相応に大きいままだが、かつてのように毎月発生する貿易黒字のフローではなく、クロスボーダーM&Aの結果、日本の企業部門のバランスシートにストックとして埋め込まれた部分が大きくなったという話である。フローよりストックの方が足の遅い資金であるため、為替相場への影響も顕現化しにくいはずだ。だから「安全資産としての円買い」も徐々に退潮になっているというのが、筆者の抱く仮説である。

既に、経常黒字の主柱が貿易黒字ではなく第一次所得収支黒字になったことで円買いが生じにくくなっているという事実は言及したが、このように対外純資産残高の構造が変化していることも円買いを抑制している可能性がある。いずれも２０１１～２０１２年頃を境とした10年間で顕著になっている国際収支統計上の変化である。

基礎収支で見る構造変化

ここまで論じてきたように、２０１２年頃を境に経常収支における貿易収支や（経常収支と対をなす）金融収支における対外直接投資の動きが大きく変化した。そこで、一国の対外資産・負債残高に変化をもたらす伝統的な計数として基礎収支という考え方に注目してみたい。基礎収支で純流入が続けば対外純資産は増えやすいし、純流出が続けば対外純負債は増えやすい（資産価格の変化でも対外資産・負債残高は変動するので敢えて「やすい」というあいまいな表現にとどめる）。基礎収支は、現在ほど国際資本移動が活発ではなく長期資本と短期資本の判別が容易だった時代に、一国の通貨の信用力に大きな影響を与える計数として注目された。

だが、活発な国際資本移動が常態化した今、為替市場の思惑に沿って当該国の通貨が売られ続ければ、基礎収支が健全でも対外支払いが困難になるケースも想定される。そのため基礎収支の意味は時代とともに薄れていることでも知られている。とはいえ、対外決済能力以前の問題として、基礎収支の姿が従前のそれとは明確に変化しているとすれば、当該国にとって無視できない構造変化の兆候として注目する価値はあると筆者は考えている。

経常収支とネット直接投資（対外直接投資－対内直接投資）を合計した計数を基礎収支と見なし、その趨勢を１９９０年代後半から追ってみると、純流入が長年続いてきたものの、やはり２０１１～２０１２年頃を境として断続的な純流出に直面していることが分かる（図表10）。例えば、毎月の基礎収支に関し、２００２年1月から２０１１年12月までの１２０か月間（10年間）の平均を取ると＋９５３０億円であったのに対し、２０１２年1月から２０２１年12月までの１２０か月間の平均を取ると▲１７４億円と純流出（概ね均衡）である。既に述べたように、２０１２年頃を境に日本はそれ以前のようなパニック的な円高に見舞われていない。その背景のひとつに基礎収支の変質がある可能性は否めない。図表10に示

図表10　日本の基礎収支※（月次、後方3か月累積）

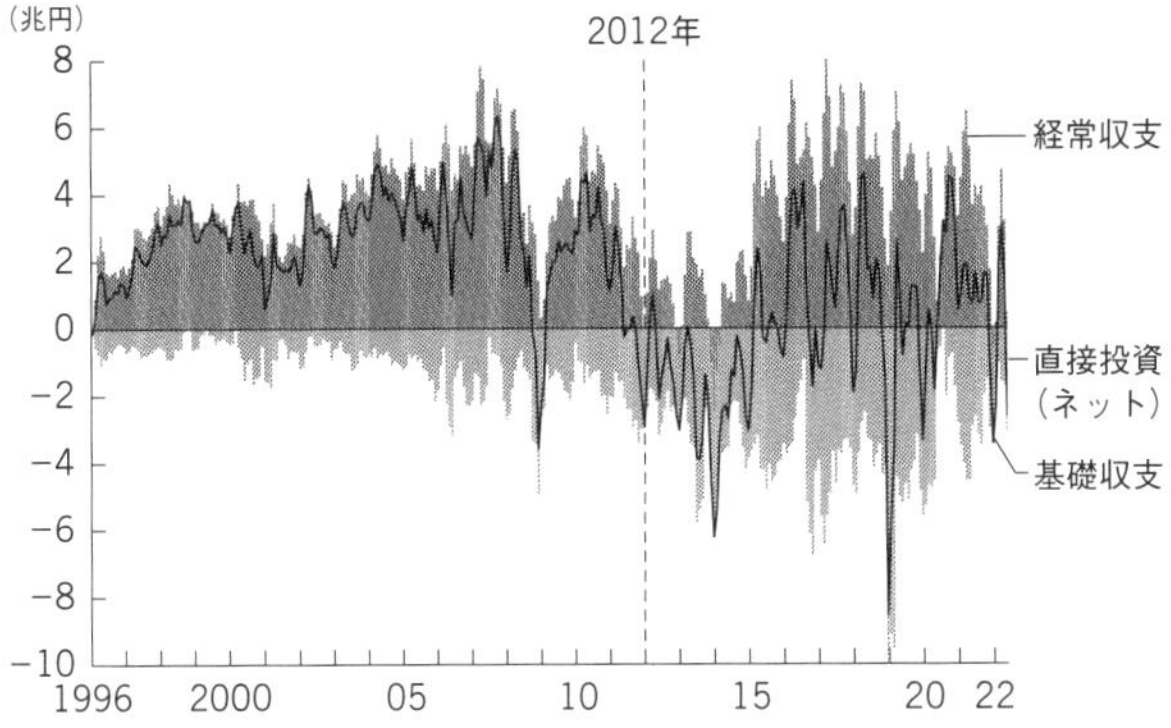

（出所）財務省。※基礎収支＝経常収支+直接投資（ネット）

すように、こうした基礎収支の趨勢変化は直接投資の純流出、すなわち日本企業の旺盛な海外企業買収を反映した動きであることが分かる。

このように需給環境に変調が生じ始めた起点は2011〜2012年頃と考えられる。そこから10年以上が経過した2022年3月以降に見られた円安狂騒曲は、もともとあった円の需給構造変化が資源高で一段と可視化された上、成長率や金利で出遅れ感が目立つ日本経済の状況も相まって、円売り安心感が強まったことが背景にあるように思える。円相場の変化は非連続的なものであったが、それを駆動する需給環境はだいぶ前から連続的に変わりつつあった。

「世界最大の対外純資産国」は誇れることではない

ちなみに円の価値を支えてきたと思われる「世界最大の対外純資産国」というステータスは、その響きほど誇れるものではない。既に述べたように、対外純資産というストックは、基本的には毎年の経常黒字というフローが蓄積された結果だ。国内から国外への証券投資や直接投資が旺盛だということは、国内への投資機会が乏しいということでもある。直接投資の比率が増加したのは、日本企業が「縮小し続ける国内市場に投資をするより、海外企業の買収や出資を通じて時間や市場を買う方が中長期的な成長に繋がりやすい」と判断した結果とも言える。単純に資金の流れだけ捉えれば「日本企業による資本逃避（キャピタルフライト）」と言えなくもない。

1990年以降の日本経済を指して「失われた20年」ないし「失われた30年」というフレーズがよく使われるが、「世界最大の対外純資産国」としてのステータスは、日本企業が国内市場を見限って海外企業の買収や出資にいそしむような「失われた時代」の副産物と見なすこともできる。

30年以上続いた「世界最大」はいつまで守れるのか

このように「世界最大の対外純資産国」が日本経済低迷の象徴だとしても、そのステータスが「安全資産としての円」の拠り所になってきたのはある程度間違いない。30年以上も維持してきたステータスだからこそ、万が一、それを失った場合の金融市場の反応は興味深いものである。

この点、筆者は諸外国、とりわけドイツとの比較を気にしている。ドイツは単一通貨ユーロという「永遠の割安通貨」を武器に貿易黒字を稼ぎ続け、「世界最大の経常黒字国」としてのステータスを盤石なものにしてきた。この経常黒字のほとんどが貿易黒字であり、通常ならば「通貨高→輸出減→貿易黒字縮小→経常黒字縮小」という展開を辿るはずである。

しかし、ユーロはドイツのほかイタリアやスペインやギリシャを含めてユーロであるため、ドイツの地力に相応しいほど強くなることは構造上、絶対にない。だから、ドイツの経常黒字は減りづらいという特質がある。この点は断続的な通貨高をひとつの要因として輸出企業が生産拠点の海外移管を進め、貿易黒字が消滅した日本とは対照的である。

図表11は世界の対外純資産国に関し、上位３か国の推移を見たものである。財務省が公表

図表11　対外純資産残高（日本vs. ドイツvs. 中国）

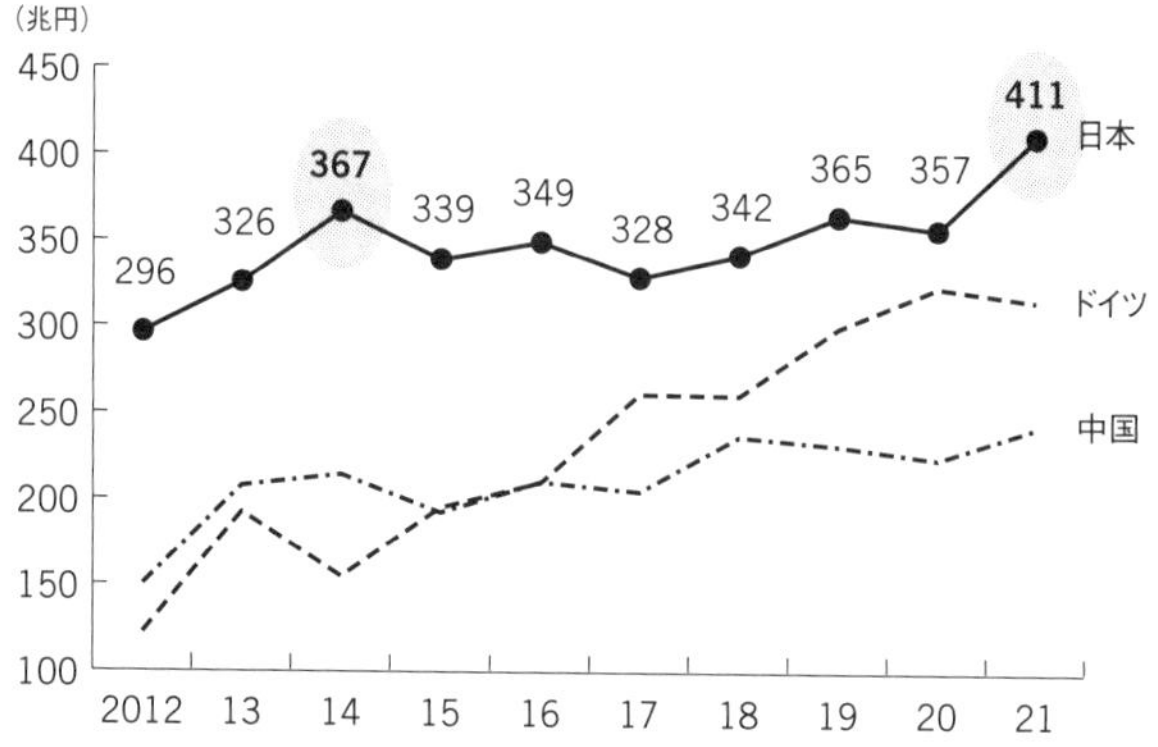

（出所）財務省

する円建てデータであるため幅を持って評価する必要はあるが、毎年稼ぎ出す経常黒字の差が「伸び悩む日本、猛追するドイツ」という構図に繋がっていることは否めない事実である。

２０２０年末時点で日本とドイツの差は過去最小の34兆円まで縮まった。しかし、２０２１年を通じて進んだ円安の結果、２０２１年末時点では１００兆円近くまでその差が拡大している。財務省の発表する「令和3年末現在本邦対外資産負債残高の概要」によれば、２０２１年の円は対ドルで＋11・4％上昇したことになっている。両国の差に関し、日本がこれほどドイツに水を空けた年として２０１４年（前年比＋78・7兆円）がある（図表11の影付き部分）が、この年もドル／円相場が前年比＋13・7％

と２０２１年以上に上昇している。こうした両国の比較動向を踏まえると、「為替変動（円安）がなければドイツとの差は詰まる」というのが実情に見える。

もちろん、「世界第二位の対外純資産国」のステータスも安全資産と言い張るには十分な材料であり、日本が直ぐに「成熟した債権国」から「債権取り崩し国」に転落することを囃し立てるのも行き過ぎである。しかし、脱炭素や脱ロシアといった構造要因を背景にした資源高が構造的に定着すれば、経常黒字の水準が切り下がることは避けられそうにない。ドイツも資源高に苦しむ国のひとつだが、輸出拠点としてのパワーは日本よりはるかに上である（後述のＢＯＸ⑤を参照）。仮に為替変動がなかったとした場合、遠くない将来に「世界最大の対外純資産国」はドイツになる可能性は否めない。世界最大と世界第二位で本質的な差があるわけではなく、両国ともに巨大な債権国なので過度に懸念する必要は本来ない。しかし、繰り返しになるが、30年以上維持してきたステータスを喪失することに関して直情的な為替市場が冷静な対応をするだろうか。「落日の円」に対する評価は厳しいものになる可能性はある。

本章で見てきた国際収支統計を中心とする様々な計数の変化を踏まえると、日本は「成熟した債権国」としての夕暮れを目の当たりにしているようにも感じる。そのような懸念が本当に適切な問題意識なのかは歴史が教えてくれることだろう。たかだか数か月や数年の相場を見ただけで結論を出すには大き過ぎるテーマだ。しかし、「その可能性が取りざたされた」というだけでも過去にない経験であり、分析価値のあるテーマではある。

第 2 章

円安功罪論の考え方
——危うい安易な善悪二元論

円安を巡る社会規範の変化

前章で論じたように、2022年3月以降の日本では「成熟した債権国」から「債権取り崩し国」に歩みが進んでいる可能性がにわかに取りざたされ、それが円売りの材料として用いられるような雰囲気があった。その真偽は時間が経ってみなければ分からないが、2022年3月以降に注目されたもうひとつの争点として「悪い円安」というフレーズがあった。毎日のように「悪い円安」というフレーズが多用され、議論を巻き起こす景色が展開された。歴史的に円安が金科玉条の如く崇め奉られてきた日本の政治・経済・社会において、これは相当に大きな変化だったと言える。

実際のところ、アベノミクスという名の下、大胆な金融緩和を中心とする極端なリフレ政策によって円安が促された2013年当時も「円安は海外への所得流出を招くだけの対症療法」という批判は根強くあった（アベノミクスに関してはBOX④で簡単に総括している）。しかし、その直前まで超円高・株安の定着が日本経済を苦しめていたこともあって、そのような批判は大衆の熱狂の中で掻き消されていた。

一方、2022年3月以降の円安は、パンデミックで傷んでいた実体経済に、ウクライナ危機も絡み合った資源高がのしかかることでその弊害が２０１３年当時よりも見えやすくなっていたという違いがあった。

　例えば、アベノミクス下で最も円安・ドル高が進んだのは２０１５年６月で、ドル／円相場は一時１２５円を超えていたが、この時の原油価格は１バレル＝60ドル前後だった。そこから７年後の２０２２年６月のドル／円相場は１３５円付近で推移する一方、原油は１バレル＝１００ドルを優に超えていた。しかも、原油だけでなく、石炭、天然ガスといった燃料のほか、世界にとって重要な穀倉地帯であったウクライナが戦場になったことから小麦を中心とする食料価格も高騰した。当然、それらを一方的に輸入する立場である日本からすれば、「円安は輸入コストを押し上げる悪い動き」と見られやすい空気が蔓延していた。日常生活で購入する財にも値上げの波が及んだ。

　この状況に至り、「円安は日本経済にとって良いのか、悪いのか」という議論が社会的に大きな関心を集めるようになった。「良いに決まっている」というムードが支配的だった２０１３年と比較すれば、極めて大きな社会規範の変化だったように筆者は感じている。

「日本経済全体にとってプラス」の意味

２０２２年3月以降の日本社会では「悪い円安」というフレーズが跋扈し始めたものの、黒田東彦日銀総裁は「円安が経済・物価にプラスとなる基本的な構図は変わっていない」といった基本的立場を示し続けた。これを「日銀によるお墨付き」と見なす向きから円売りは余計に加速し、「円安相場で日銀が礼賛される」という雰囲気が強かった２０１３年とは対照的に「円安相場で日銀が批判される」という構図が見られ始めた。円高憎しで生まれた黒田体制の晩年を感じさせる変化であり、民意に沿って金融政策を決定してはいけないという事実を如実に示した10年間だったようにも感じられた。２０１３年と２０２２年のリフレ政策に対する世の受け止め方の違いを決定的に示したのが２０２２年6月に大炎上した黒田総裁の講演だったが、この点についてはＢＯＸ③で詳しく議論しているので、そちらを参照されたい。

ちなみに、黒田総裁は２０２２年3月25日の衆議院財務金融委員会で当時の円安相場について「円に対する信認が失われたということではない」と答弁している。「円の信認」がテーマ視されること自体、前代未聞であった。それは単に「米国経済や米金利が上向きだからド

図表12　G7の名目実効為替相場

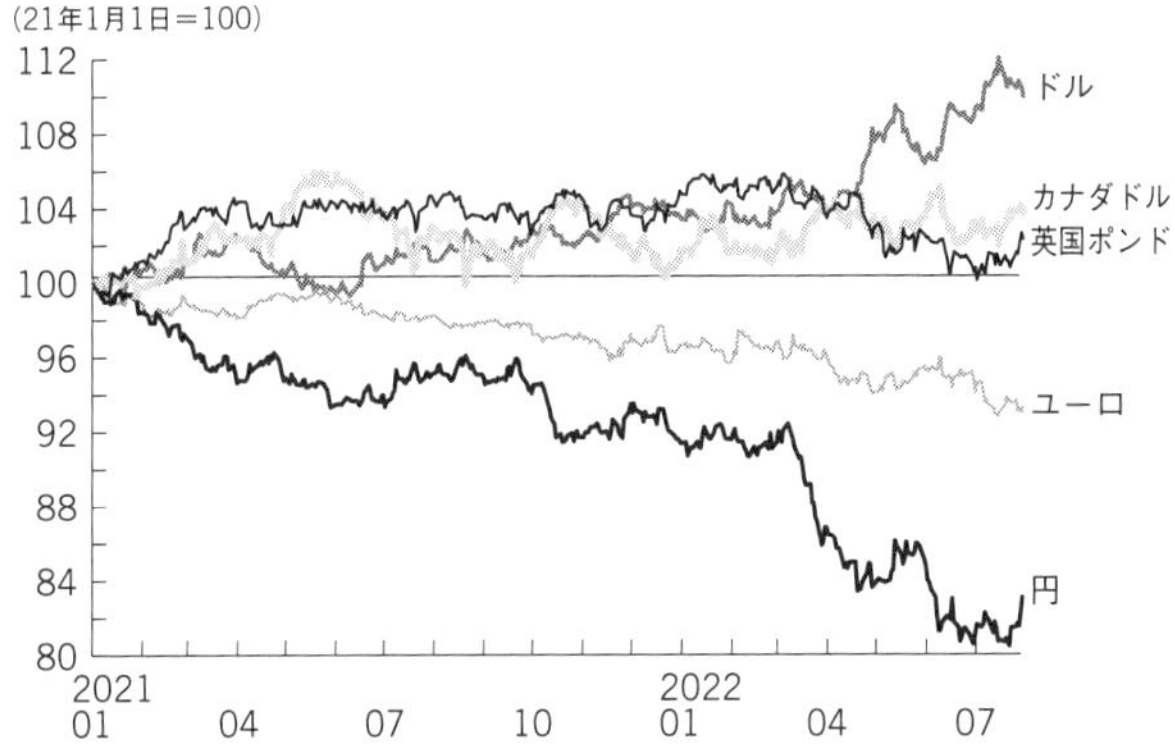

（出所）Macrobond、2022年7月末までのデータ

ル高になり、その結果で円安になっている」という「ドル高の裏としての円安」ではなく、「日本が駄目だから円安になっている」という「日本売りとしての円安」が懸念されていることの裏返しにも見えた。当時を含む２０２１年以降の名目実効為替相場に関し、Ｇ７で比較すると図表12に示すように、どう見ても円の独歩安であり、「日本売り」もしくは「日本回避」がテーマになっていた可能性は確かに否めない状況にあった。こうした状況下、「通貨の番人」として「安いことがプラス」と言い続けることが果たして正しいのかという点も金融市場で大いに注目された。しかし、黒田総裁の「日本経済全体にとってプラス」との基本姿勢は大きく変わる

ことなく、同じ趣旨の発言が断続的に繰り返された。

実際のところ、日本経済にとって「円安の善悪」をどう考えればよいのか。以下で整理してみたい。

日銀の考える円安のメリット・デメリット

円安のメリット・デメリットは経済主体により景色が変わるものであり、軽々に結論づけられないものである。総論として断るならば、批判の多かった黒田総裁の弁もあながち誤りとは言えない。２０２２年１月の「経済・物価情勢の展望（展望レポート）」ではＢＯＸ欄に「為替変動がわが国実体経済に与える影響」と題した円安のメリットおよびデメリットに関するモデル分析の結果が掲載されている。本書はあくまで必ずしも経済・金融情勢に明るくない一般的な読者を想定しているため、同分析の詳細な結果まで取り上げ、議論を展開することは避けるが、そこで提示された結論は示唆に富む。そこで展開された議論に関し、筆者が要点を整理したものが図表13である。

展望レポートでは計量分析の下、「円安は日本にとってプラス」と結論付けている。ここではプラス効果として、①価格競争力改善による財・サービス輸出の拡大、②円建て輸出額増

図表13　円安にまつわるメリット・デメリットのイメージ

		メリット・デメリット	備考	影響力の大小	経済主体
メリット	①	財・サービス輸出の拡大	海外生産比率の上昇、パンデミックなどで期待薄。	小〜中	グローバル大企業や輸出企業。
	②	円建て輸出額増加を通じた企業収益の改善	企業収益は改善するが、それが賃金に波及せず。	中	
	③	円建て所得収支の増大	過去10年で実証済み。円安唯一のメリット?	大	
デメリット	④	輸入コスト上昇による国内企業収益および消費者の購買力低下	年々、輸入ペネトレーションは上昇中。資源高もあって注目されやすい。	大	内需依存型の中小企業や家計部門。

（出所）日銀「展望レポート（2022年1月）」などから筆者作成

加を通じた企業収益の改善、③円建て所得収支の増大などが挙げられる一方、マイナス効果として④輸入コスト上昇による国内企業収益および消費者の購買力低下が挙げられている。「①＋②＋③＞④」というのが日銀の基本認識と見受けられる。

だが、このうち①は議論含みである。日銀も、財輸出に関しては海外生産比率上昇や製品の高付加価値化などを反映し、「（財輸出に対する円安のプラス効果は）近年低下している」と分析している。多くの品目について円安は輸出数量を増やす方向に作用するが、その感応度は低下しているというのが日銀の見立てである。また、サービス輸出は円安による旅行収支黒字の増加が想起されるものの、パンデミック下ではこれが蒸発しているためか、ほとんど言及がなかった（「感染症の影響が和らげば再び働き始めると予想される」との記載にとどまる）。①の円安メリットは相当に弱っているのが実情と言える。

もっとも、黒田体制が発足した直後から①のメリットにまつわる問題点は指摘されていた。指摘すると非常に強い批判に晒されたので筆者もよく覚えている。しかし、①が弱まっても②があるから円安はプラスなのだという主張が当時は展開されていた。要するに「円安で企業収益が増えればいずれ設備投資や賃金にも波及する」という考え方である（2006年のゼロ金利解除時、こうした考え方は「ダム論」などと呼ばれた）。だが、現実は賃金が期待したほど上昇する展開までに至らなかったことは周知の通りである。

こうしたなか、最後の円安メリットでもある③の「所得収支の増大」は「近年強まっている」とされ、「企業のグローバル化により、わが国の企業が海外事業から獲得する収益、及び配当等を通じたその国内への還流額は、着実に増加している」と結論付けられている。海外からの所得移転額が増えることが国内の設備投資行動にも寄与しているとも指摘されており、これには説得力がある。前掲図表6や7に示すように、2011~2012年頃を境とした約10年間で「貿易黒字の消滅」を経験した日本だが、これを補うように第一次所得収支黒字が増加した。これが「未成熟な債権国」から「成熟した債権国」への歩みを示すことは既に前章でも議論した通りだ。

既に述べたように、2012年以降の為替市場において「安全資産としての円買い」が弱体化しているとの声は慢性的に見られていた。しかし、「所得収支の増大」により経常黒字が確保され、実際に相場の安定が続いていたので「円の信認」がテーマになることは避けられていた。前章でも論じた通り、円の需給構造変化は2011~2012年頃を境として着実に進んできたものであり、その意味で2022年以降の円安狂騒曲は、もともとあった構造変化が資源高や日本経済の相対的な劣後によって一段と可視化されたという性格がやはり強いと筆者は思っている。

展望レポートの議論に話を戻せば、上述のような円安のメリット分析の一方、円安のデメリットである④は、円安の消費者物価への転嫁に関して「近年、強まっている」と記述され、非常に短い紙幅しか与えられていない。展望レポートではその直後に「このように、近年の経済構造の変化を考慮しても、円安は引き続き、全体としてみれば、わが国の景気にプラスの影響を及ぼすと考えられる」と急ぎ結論に入るのでやや唐突感を覚える。議論のバランスがやや取れていない印象は抱かれた。

円安の評価はマインド次第との指摘も

こうした日銀の分析をラフに総括すると、そもそもサービス輸出はインバウンド消滅で全く期待できず、財輸出の効果は薄れ、企業収益増大の個人消費への波及効果も期待が持てないことは周知の事実であるため、円安メリットは「所得収支の増大」一点張りという話になる。それが消費者物価指数（ＣＰＩ）の上昇などによる購買力低下を打ち消すのかどうかだが、展望レポートはあくまで「①＋②＋③∨④」という計算に立ち、「全体としてプラス」という結論に辿り着いているのだと見受けられる（あくまで筆者なりの解釈である）。

ただし、展望レポートはメリット・デメリット分析の後に留意が必要な論点として、３つを挙げている。それは、⑴円安であれ円高であれ、「安定」しない相場は悪影響を及ぼす可能性があること、⑵為替変動の影響や方向性は業種・事業規模で様々であり、輸入ペネトレーション（＝国内総供給に占める輸入の割合）の高まりを踏まえれば消費者物価への影響は強まっていること、⑶為替変動は株価や物価に与える影響など情勢次第でマインドに与える影響も異なること、である。結局、この⑵と⑶がデメリットの論点である④に対する補足のような位置づけになっている。

特に、２０２２年3月以降の円安局面を踏まえると、⑶の指摘は興味深いものと言える。内閣府「景気ウォッチャー調査」のコメント情報（家計動向関連）を見ると、Ⓐ２０１２年末〜２０１３年（つまりアベノミクス初期）の「円安」は「株価（上昇）」と共に景気改善を示唆するコメントの中で言及される傾向があったという。だが、その後のⒷ２０１４年秋〜２０１５年の「円安」は「物価（上昇）」と共に景気悪化を示唆するコメントの中で言及される傾向にあったという。

この点は「円安の評価はマインド次第」という様相で定性的な印象も拭えないが、かなり現実に近い指摘と言える。日銀総裁自ら国会で「円の信認」を擁護しなければならないほど急速な円安（および資源高）に見舞われ、挙句その発言が炎上してワイドショーでも槍玉にあげられるような世相にあった２０２２年3月以降の状況がⒶとⒷのどちらに近いのかは火を見るよりも明らかではあった（当時の騒動についてはＢＯＸ③を参照）。

結局のところ、「①＋②＋③＞④」がとりあえずの結論だとしても、日銀が補足した上記論点も踏まえれば、「①＋②＋③＞④＋⑵＋⑶」と言えるのかどうかは留保が必要にも思える。

この点は2022年1月の展望レポートだけからでは判断しかねる。分析はあくまでその他条件が一定であったとして、為替水準が緩やかに動いた場合を想定している。大きなボラティリティを伴う円安に関しては、そこで示された分析の限りではないという話だろう。しかし、往々にして為替相場の変動は大きなボラティリティを伴うのである。

円安は優勝劣敗の徹底を促す相場現象

これまで見てきたような「①+②+③>④」という結論は、日銀の優秀なエコノミストがモデル分析を用いて精査した結果であり、それが政策委員会の基本的理解である展望レポートに掲載された以上、一定の敬意と信頼性を持って受け止める価値はある。だが同時に、単純にメリットとデメリットを足し算して不等号を付けるだけでは割り切れない問題も内包されていることには留意したい。それは「メリットで得する経済主体」と「デメリットで損する経済主体」の間に越えられない壁があるという事実だ。言い換えれば、円安が格差拡大を助長しているとの問題意識である。

メリットとデメリットを比較衡量した結果、「計算上はGDPがプラスになる」というのが計量分析の主張としても、メリットを享受できるのは輸出や海外投資の還流という動きが身近なグローバル大企業であって、内需主導型の中小企業や家計部門はデメリットが大きいという現実は残る。この点は上述した「⑵為替変動の影響や方向性は業種・事業規模で様々」と展望レポートが補足している論点と深く関連する。「日本経済にとってプラス」なのは単純にメリットとデメリットを「足し算」した結果であり、「メリットで得する経済主体」と「デメリットで損する経済主体」が断絶された状況については何も触れていない。そうだとすると、円安は格差拡大や二極化といった問題を助長する、優勝劣敗の徹底を促す相場現象ということになる。こうした「計算上はＧＤＰがプラスになるものの、格差は拡大する」という状況は、政治的に放置できるものではない。

既に述べたように、２０１３年以降、アベノミクスの掛け声の下、円安と共に企業収益は著しく増えたが、家計部門における賃金や消費が相応に増加したわけではなかった。円安が企業部門の収益を押し上げたとしても、それが内需に還元される経路が断たれているというのが日本なのである。そうした状況を前提とすれば、円安で購買力を削がれる家計部門の苦境は救われる見込みがない。家計部門だけではなく、内需を収益源とする中小企業も同様の苦境が続くことになる（この点はＧＤＰデフレーターや交易条件などの計数を交えてＢＯＸ②で議論している）。直感的には「日本社会」という大きな枠組みに照らした場合、「デメリットで損する経済主体」の声が明らかに多数派に思える。だからこそ、「悪い円安」というフレーズが2022年3月以降、流行したのだろう。

いずれにせよ、何かと耳目を集めやすい「円安功罪論」を検討する際に配慮すべきは、日銀（や日銀と似た分析を行うエコノミストなど）が総論として示す「日本経済にとってプラス」があくまでメリットとデメリットを差し引きした結果であり、各論である「各経済主体の置かれた状況」は別問題であるという事実だ。「総論と各論で結論が違う」という点を脇に置いてしまうと、どちらも間違っていない現実であるため、議論はいつまでも平行線を辿る。心地良い為替水準は立場によって可変的であり、安易な善悪二元論で割り切ろうとする行為が大変危ういものだと言える。

財界からも円安NGの声

敢えて円安の功罪を検討するにあたって結論めいたことを言わなければならないとすれば、「総論では日本経済にプラスだが、各論ではマイナスの声が目立ち、二極化を助長しかねない」と回答するのがフェアだと筆者は考えている。円安進行時、メディアにおいて「悪い円安」のトーンが先行しやすいのはGDP計算上、「グローバル大企業への恩恵を中心に全体としてプラス」と言えても、「値上げなどでマイナスは見えやすい一方、どこにプラスがあるのか分からない」と感じる市井の人々の数が圧倒的に多いという事実の結果なのだろう。「統計的もしくは理論的に正しいかどうか」は熱狂した大衆の前には無力である。

繰り返しになるが、円安の良し悪しは立場によって異なる。例えば2022年4月4日、日本経済団体連合会（経団連）の十倉雅和会長は円安によりエネルギー資源を海外から調達する企業の収益が圧迫される一方、輸出企業は恩恵を受けていると指摘し「『良い円安』『悪い円安』は短期的に判断するものではない」と述べている。これは日銀やエコノミストなどが唱える理屈に近い。当時の円安を敵対視するムードを思い返せば、直ぐに円安を批判しない点で「全体としてプラス」という総論に共感性があるのだと見受けられる。経団連は中央銀行でもエコノミストでもないが、同組織がグローバル大企業で構成される以上、十倉会長の述べるような意見になるのは自然であるし、それもひとつの真実である。

とはいえ、2022年3月以降の円安相場では、過去であればそれを歓迎することが多かった財界要人からもネガティブな発言が多々見られた。やはり、円安メリットを強調する総論だけで一点突破するのは現実にそぐわず、各論としての円安デメリットも丁寧に扱わねばならない雰囲気が強まっていたのが2022年3月以降だったと言える。

円安にしろ、円高にしろ、それは市場で決まった適正価格であり、「その善悪を議論するのは無意味で一国として受け入れるしかない」という主張は理論的に正しい。しかし、繰り返しになるが「理論的に正しい」ことは逆立った国民感情の前に建設的な意味をなさない。超円高時代の2009～2012年頃、「円高にも資源が安く調達できるなど良いこともある」といった正論が聞いてもらえる雰囲気は全くなかった。逆に、そのような意見は袋叩きにあう世相だった。デメリットを感じる経済主体が多くなってしまえば、「理論的に正しい」は何の役にも立たないのである。その円高への怨嗟を溜め込んだのが白川方明総裁時代の日銀であり、その時代に対する怨嗟が形となったのがアベノミクス、より具体的には黒田総裁率いる日銀による量的・質的金融緩和だった。しかし逆に、2022年3月以降は円安への怨嗟が溜まりつつあり、当の経済界からも円安を嫌気する声が続々と見られた。以下でその一例を紹介してみよう。

◇経済同友会の桜田謙悟代表幹事（SOMPOホールディングス社長、2022年3月29日）：「現在の為替水準（円安）が適切だとはとても思えない。企業によって受け止めは異なるものの、全体として行きすぎとの評価になっている」

◇日本鉄鋼連盟の橋本英二会長（日本製鉄社長、2022年3月29日）:「（円安の恩恵を受けて競争力が改善してきた過去と比較して）今回はまったく様相が違う」「円安のリスクというのはこれが初めて」「日本が一人負けしていることの象徴」「大変大きな問題」

◇日本商工会議所・三村明夫会頭（2022年4月7日）:「海外輸出をほとんどやらない、海外事業をやっていないにかかわらず、中小企業にとって円安はメリットはほとんどない。デメリットの方が大きい。一般の消費者にとっても全く同じようなことが言える」「円安が輸出企業の賃金引き上げや設備投資につながればいいが、今は生産も増やせていない。原料価格が上がったため、メリットを受けられない」

◇ファーストリテイリングの柳井正会長兼社長（2022年4月14日）:「円安のメリットは全くありません。日本全体から見たらデメリットばかりだというふうに考えます」

こうした声だけではなく、日本郵船の長沢仁志社長からは外航海運ではドル建てで運賃を受け取ることが多いこともあり「円安はどちらかと言えば追い風（2022年3月29日）」といったコメントも報じられていたが、同社長は円安による燃料高や原料高の影響で経済が悪化する恐れを指して「心配している」とも述べている。その後も類似発言を全て取り上げれば枚挙に暇がない。少なくとも、さらなる円安を望むという声は財界で多くは確認されず、どちらかと言えば嫌気する声の方が目立った。財界要人からも円安の危うさを指摘する声が出る以上、「全体としてプラス」という総論で押し切るのが難しい雰囲気は世間に充満していた。マクロ経済分析に依存する総論とこうした企業部門の声に象徴される各論、いずれにも正義はある。だが、やはり世論は後者の温度感に近いものがあったと言える。

円安メリットの波及経路確保は政府の仕事

なお、ここまでの議論を踏まえると、日本経済は「（円安の）メリットで得する経済主体」から「デメリットで損する経済主体」への波及経路を確保しなければならないという問題を背負っていることが分かる。例えば企業収益が改善しても賃金が上がらないという現実の裏には何があるのか。それは、事あるごとに話題に上る終身雇用や年功賃金に象徴される日本型雇用の改革などが相当するかもしれない。そうなると大きな話であり、中央銀行ではなく政府で取り組むべき問題になる。少なくとも本書の紙幅ではカバーしきれない話だ。

言い換えれば、2022年3月以降の日銀は多くの批判に晒されていたものの、為替が円安になろうと円高になろうと、その動向を肯定しながら政治や社会が変わるのを待つしかない状況に置かれていたようにも見えた。結局、世間が円安に不満を募らせれば時の政権への支持率という形でそれが可視化されるようになる。もはや容認できない水準まで世論の不満が先鋭化すれば、政治も為替を問題視せざるを得なくなる。そこに日銀の意思はない。そこで、為替の実勢相場は市場で決まった適正価格であり「その善悪を議論するのは無意味で一国として受け入れるしかない」という正論を直視する必要性が出てくる。

そうなると、重視すべきは「与えられた為替水準をどう活かすべきか」という話であり、円高であれば高い購買力を活かした戦略を、円安であれば高い価格競争力を活かした戦略を適時適切に検討していくというのが王道の対応となる。しかし、円高になれば必ず円安が志向され、金融緩和が打たれてきたのが日本経済の歴史である。それが日本の購買力を奪い、「安い日本」を形作る遠因になったとの経済分析はたびたび目にする。こうした「安い日本」に関わる議論は第3章で紹介してみたい。

構造変化が疑われるなか、「水準」がどこまで戻るか

2022年3月以降に進んだ大幅な円安や資源高を前にしても、生活苦を理由に時の岸田文雄政権の支持率が下がり続けるという様子は本書執筆時点では見られていない。長年、デフレ（≒通貨価値の上昇）を宿痾としてきた日本において「インフレ（≒通貨価値の下落）で苦しむ」というのは未体験の事象であったので、「いずれ元に戻る」と一過性の現象として受け止める楽観論が無意識のうちに根強くあるのではないかと思われる。

もちろん、その想定もあながち誤りではない。円が変動為替相場の中で取引され、日本が巨大な対外純資産国である事実も不変なのだから、一方的な円安の揺り戻し（円高）は当然の想定である。本書が刊行され、読者の手に渡っている頃には、円高トレンドへ転じている可能性も十分ある。

しかし、「方向」として円高へ修正されるという事実と「水準」としてどこまで戻るのかという事実は別々に考えた方がよい。中長期的な視点に立てば、円の対ドル相場が上下動を経ながら徐々に切り上げられる局面に入った可能性は事後的にしか判別できない。為替の世界にフェアバリューはないが、例えばそのヒントとして用いられやすい購買力平価（ＰＰＰ）

図表14　ドル/円相場の購買力平価（1973年基準）

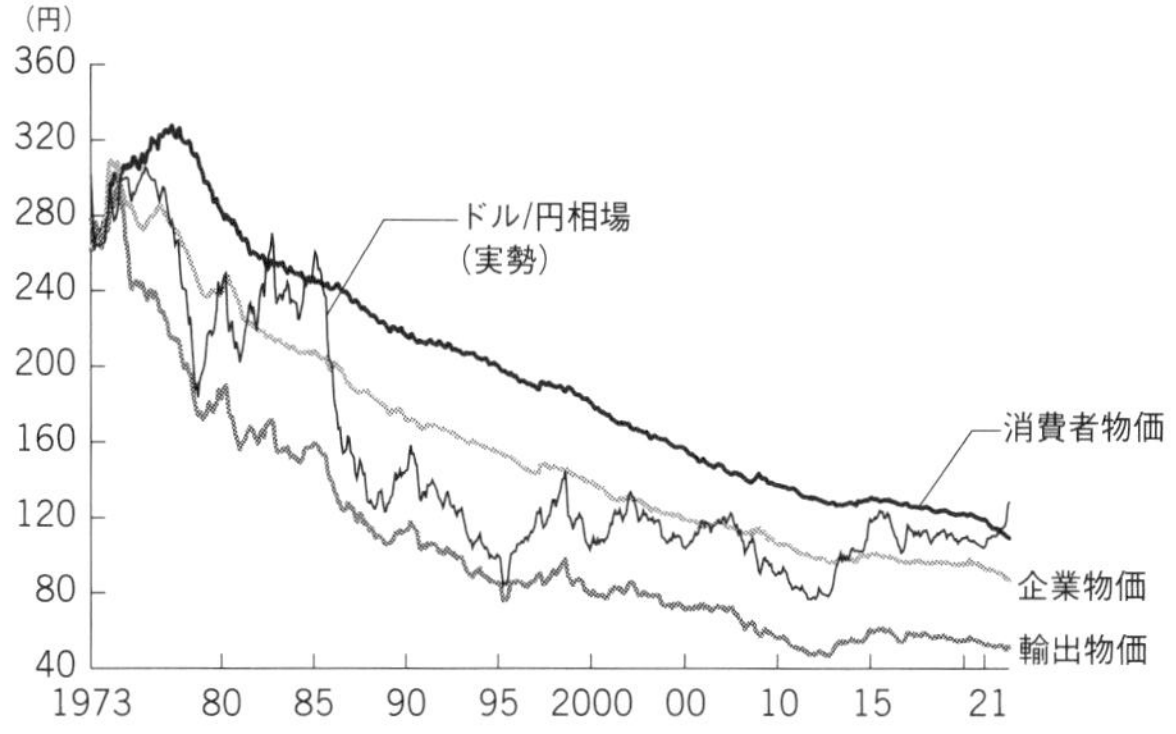

（出所）Datastream

を見ると、２０１２年頃を境としてドル／円相場は明らかにＰＰＰ対比で切り上がっている。２０２２年に入ってからのＰＰＰ対比の水準はプラザ合意直前の１９８０年代前半を彷彿とさせるほどの円安・ドル高に見える（図表14）。本書が刊行され、読者の方々にお読み頂いている時点でドル／円相場の「水準」がどうなっているのかは分かりかねるが、ＰＰＰが示唆する水準にまで収斂している可能性は高くないように思える。図表７で見たように、やはり貿易黒字消滅以降の円相場は水準の修正が大きく入っている可能性が疑われる。

　軽々に構造変化という言葉を使うべきではないが、何か大きな理由がなければこうした動きにならないというのも事実だろう。これは第１

章で議論したように、2012年以降に貿易黒字が消滅したり、対外直接投資が顕著に増加したりしたことと無関係ではないのだと筆者は考えている。それは日本の対外経済部門に起きた構造変化と表現して差し支えない。

国も人間も「失敗は経験からしか学べない」

第1章でも論じたように、2021年初頭から緩やかに始まった円安局面は日本特有の情緒的な防疫政策が低成長を長期化させたことにある程度起因していると筆者は感じた。日本がいつまでもパンデミック騒ぎを続けている間、2021年の欧米経済は著しく前進した。それは当然、金融政策、端的には金利の方向感や水準感の差に繋がってくる。常に「相手のある話」の為替市場において、この格差が意識されるのは当然であり、2022年の円安狂騒曲の一因となった。

過剰な防疫政策が原因、円安が結果だとすれば、円安が進むほど物価高が助長され、これを受けて岸田政権への支持率は下がっても不思議ではなかった。だが、先に述べたように、現実はそうならなかった。結局、本当に食料を含めた資源調達に困窮し、疲弊する人々の不平不満が支配的にならなければ、時の政権における防疫政策や経済政策（含む財政・金融政策やエネルギー政策）が新しい針路を目指し、注視・検討を超えて決断・実行に移ることは難しいのだと考えさせられる景色だった。本当に「円安が有害なので止めるべき」という世論が支配的になっていれば、金融政策の引き締めが全く検討されなかったり、原子力発電所の再稼働が本格的に議論すらされなかったり、または厳格な入国規制で外国人を門前払いしたりする政策運営が許容されるはずはなかった。しかし、それらの政策運営は社会的に大した批判もなく淡々と進められていた。原子力発電所の再稼働を避ける結果、時に節電要請など電力制限を受け、一般物価が目に見えて上昇する状況にあっても、政府のエネルギー政策を修正するほどの機運は本書執筆時点では盛り上がっていない。

特に、経常収支や貿易収支の悪化が「構造的な円安」を招いているとの見方があったことを思えば、輸入金額の約25％を占める鉱物性燃料の輸入「量」を抑制すべく原発再稼働を求める声はもっと強まるかと思われたが、そうはならなかった。また、円安を活かすという意味も込めて観光目的の外国人を受け入れて国内経済の活性化を図るという政策も催促する声が強まるかと思われたが、結局、入国制限は解除されないまま月日が過ぎた。２０２２年５月５日、岸田首相はロンドンでＧ７並みの入国規制まで緩和すると謳ったが、少なくとも本書執筆時点において、日本の入国規制状況はＧ７の中で異例の厳格さが保たれている。

２０２２年3月以降の強烈な円安進行を前に、政府・与党は断続的に警戒姿勢を表したものの、円安の根本的な要因に深く関わる防疫政策や経済政策が大きく修正されることはなかった。こうした日本の政治や社会の様子から言えることは、「本当に困ってはいない」もしくは「まだ（日本社会は）我慢できる」という政治的な判断が働いたということなのかもしれない。本来、「本当に困っている」「もう我慢できない」という状況に至る前に手が打たれることが望ましいものの、「大事に至る前に予防策を打つ」というのは政治的に容易なことではないのだろう。国も人間も「失敗は経験からしか学べない」のであり、不可逆的な円安や資源高が進み、実体経済へのダメージが顕現化されてはじめて、世論も政治も本腰を入れて事態収拾に当たるのだと思われる。２０２２年3月以降の円安や物価高は、日本の政治（ひいては社会）の機動力が乏しいことに対するアラームであるようにも思われた。

BOX ①

株式市場でも見られた「日本回避」

「新しい資本主義」への誤解？

　為替市場において「日本回避」がテーマになっていた可能性に言及したが、これは株式市場にもある程度当てはまっていた。2022年2月21日の衆議院予算委員会では、金融所得課税導入や自社株買い規制を示唆する自身の言動が株式市場の下落要因として持ち出され「岸田ショック」と揶揄された経緯について、岸田首相が野党議員（国民民主党の前原誠司議員）から問い詰められる場面があった。岸田首相は「私の経済政策に懸念の声が出ているのであれば誤解は解く必要がある」と述べ、「新しい資本主義」を巡る一連の評価を誤解と表現し、「資本主義だから株主、市場が基本なのは間違いない」と念押しを迫られている。だが、その約1か月前（2022年1月25日）の衆議院予算委員会では、やはり前原議員との討論の中で「株主資本主義からの転換は重要な考え方のひとつであると認識している」と述べ、株式市場から失望を買った経緯があった。

　そもそも株主や市場機能の重要性を首相が念押ししなければならない事態が異例なのであり、「新しい資本主義」の真意がどこにあるかはさておき、その分かりにくさに株式

図表15　主要国の株価指数

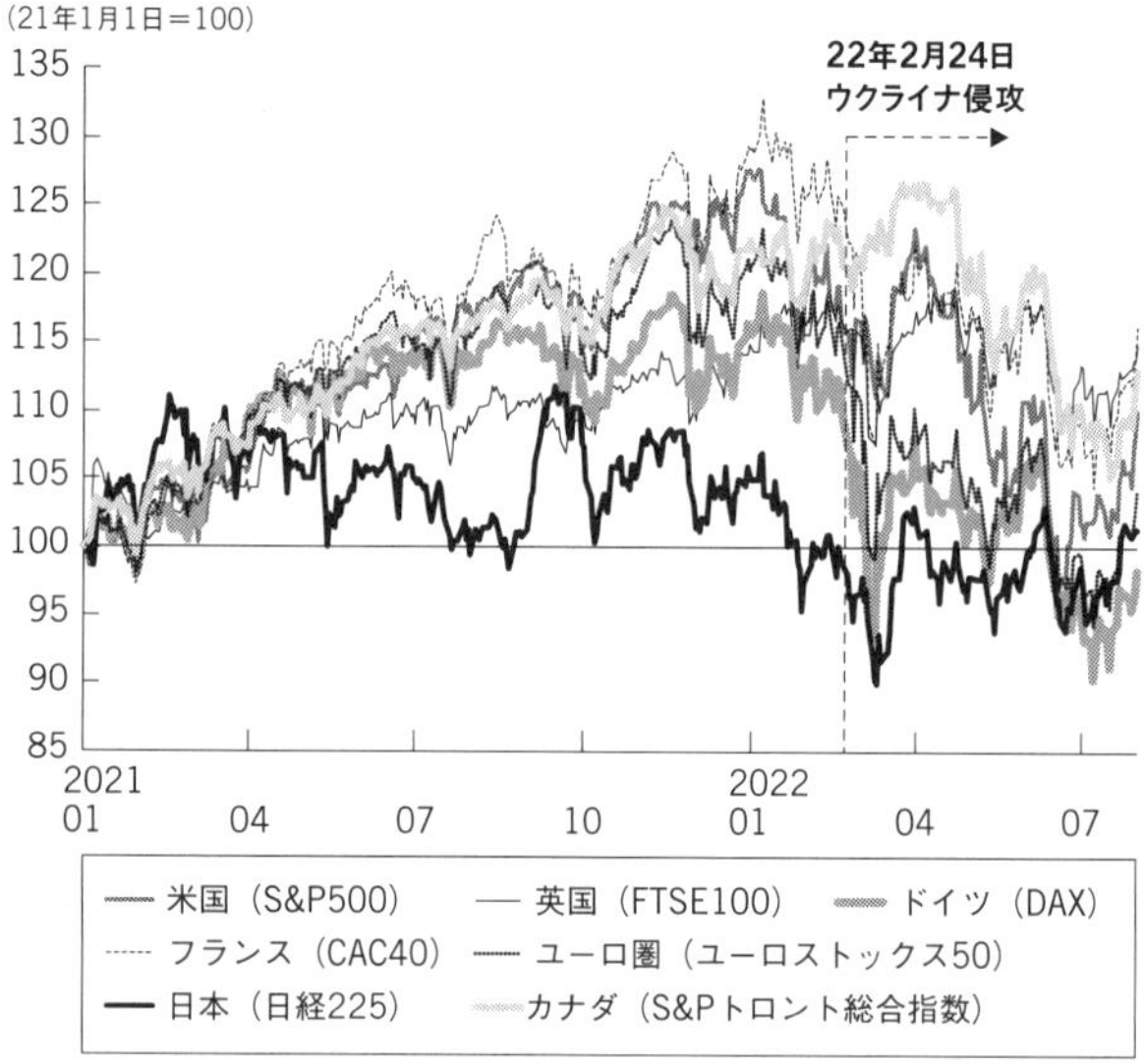

（出所）Macrobond、2022年7月末までのデータ

市場が戸惑ったのは間違いない。

右記のようなやりとりがなされた2022年2月時点での株式市場の抱く岸田政権への評価は、相応に厳しさが見て取れた。まず、いくら米連邦準備理事会（FRB）の引き締め懸念やウクライナ関連の地政学リスクがあるとはいえ、G7で主要株価指数の水準が2021年初頭を割り込んでいる国はなかった

図表16 外国人投資家の日本株売買動向

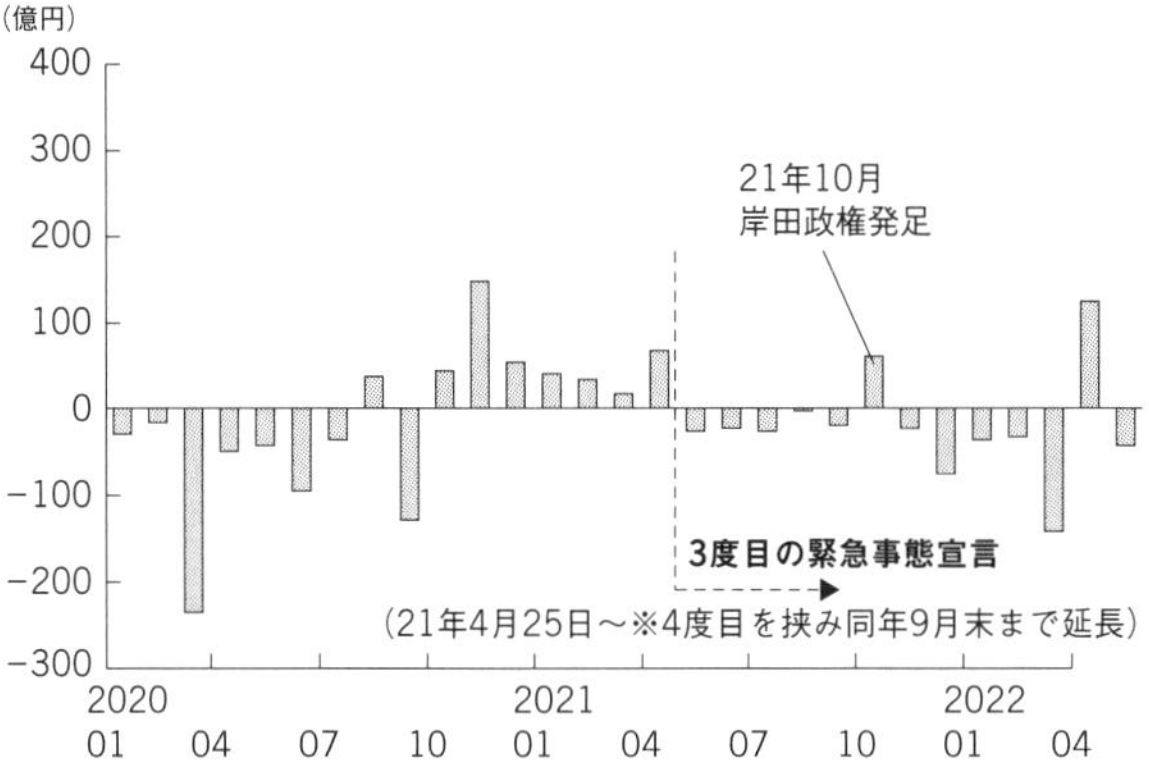

(出所) INDB

(図表15)。2022年2月24日のロシアによるウクライナ侵攻後は、地政学リスクの当事者でもあるユーロ圏、とりわけドイツも非常に厳しい値動きを強いられたし、欧米全体がスタグフレーション懸念に苛まされる中で株価は大幅に調整したが、そうした世界の潮流とは無関係に2021年初頭を起点とする日本株の低空飛行は目立つものだった。

そこで2021年度以降における外国人投資家の日本株売買動向に目を向けると、2021年4月から2022年5月(本書執筆時点の最新)までの14か月間のうち11か月が売り越しであった(図表16)。

もちろん、岸田政権は2021年10月に発足しているので、日本株の低迷は同政権の政策運営だけに帰責するものとは言えない。2021年4月下旬に当時の菅義偉内閣の下、新型コロナウイルスの感染拡大を理由として3度目の緊急事態宣言が発出され、以後、同宣言が延長されたり、それが解除されてもまん延防止等重点措置の名目で同じく行動制限を課したりすることが常態化した結果、日本の成長率は諸外国のそれに比較して停滞が続いた（その結果が図表2や後掲図表25である）。感染者数が拡大すると直ぐに民間の経済活動に介入する国の経済に投資したいとは思わないだろう。

こと岸田政権に限って言えば、発足した2021年10月から2022年5月までの8か月間で2か月（2021年10月と2022年4月）しか買い越しになっていないという見方もできた。海外経済環境に依存する部分も大いにあろうが、実態の分かりにくい「新しい資本主義」が不信感を買い、海外マネーの取り込みに失敗したという株式市場の声は散見された。そうした海外投資家からの厳しい目線があったことが、2022年5月の訪英時、「岸田に投資を（Invest in Kishida)」と講演をするに至った原因のひとつなのではないかとも言われた。同講演と金融市場への示唆に関しては、第4章で日本の家計金融資産動向に絡めて議論する。

「言葉選び」の不味さ

岸田政権は発足当初から「成長」よりも「分配」と主張してきた。再分配政策に力点を置くこと自体、リーマンショック以降の国際的な潮流であり、それほど的外れなものではない。しかし、政治資源に乏しい政権発足初期から金融所得課税案を巡って株価が大幅に下落し、その後も自社株買い規制、株主資本主義からの転換など資本主義を否定するような強烈なワードが散見されてきたことで、「岸田政権はマーケットアンフレンドリー」という印象が根付いたことは否めなかった。

日経CNBCが視聴者に対し2022年1月27日から31日に実施したアンケート調査では、「あなたは、岸田政権を支持しますか?」との問いかけに95・7%が「いいえ」と回答したことが話題になった。ここまで来ると金融市場から「支持されていない」というよりも「嫌われている」と言った方が近いかもしれない。

その政策思想の正否はさておき、強烈なリフレ思想を押し出して市場を味方につけた第2次安倍政権とは対照的な立ち上がりと言ってよかった。往々にして発足当初のイメージを転換するのは、相当な労力を要する。

岸田首相が強い関心を抱いていると言われる企業収益の分配先に関しては、賃金、自社株買い、配当、内部留保など様々な選択肢があるが、一連の首相答弁を総合すると、賃金以外の分配先を「悪」と捉えているような印象も抱かれた。冒頭紹介した答弁でも、岸田首相は「株主還元という形で成長の果実等が流出しているということについてはしっかりと受け止め、この現状について考えていくことは重要」と述べたことが話題になった。株主還元（即ち配当や自社株買い）を成果の「流出」と表現することは、やはり株式市場や株主の全否定に繋がりかねない。株主還元があるから投資家はリスクを取って資本を拠出するのであって、それを浪費のように表現されてしまえば当然、その市場に投資することを人々は避けてしまうだろう。

このように株主資本主義（この言葉自体も一般的ではない）からの「転換」と言い切ったり、株主還元を「成果の流出」と表現したりする「言葉選び」の不味さが、岸田政権の金融市場における評判を著しく下げた側面はかなりあったように感じられた。

とりわけ、国際的にポートフォリオを組んで収益を上げようとする投資家にとって、資本市場を敵対視するような政治姿勢は（仮にそれが誤解であったとしても）日本という国に投資する上でのリスクと映るであろうし、必然的に「日本回避」というテーマに繋がる恐れもあった。2022年3月以降に勢いづいた円安を、そうした文脈の中で解説する向きもあった。

企業部門にアンバランスがあったのは事実

ただし、株主価値の最大化だけを追求するのではなく、企業収益の配分先を上手く調整することで経済厚生を高めようとする流れは、リーマンショックに象徴される金融危機以降、日本に限らず他国でも見られる話ではある。米国のバイデン政権も2020年1月の発足当初から株式譲渡益（キャピタルゲイン）課税の税率を大幅に引き上げ、富の偏在を是正しようという姿勢を示してきた。

岸田首相は上述の答弁の中で「資本主義の持続可能性を考えたならば、その成長の果実が一方的に、一部に資するだけで終わってしまったら続かない」と続けている。この発言自体に大きな違和感はない。日本企業に対して「稼いだ収益をもっと賃金に分配すべき」という思いを抱くことはある程度理解できる。図表17に示すように、過去40年余りに関し、経常利益、売上高、人件費の推移を見ると、人件費抑制が利益の押し上げに寄与してきた印象は確かに受ける。もちろん、日本企業が賃上げに踏み切れない背景には解雇の難しさに象徴される日本型雇用の硬直性などもあって、一概に企業姿勢の問題

図表17　日本企業の売上高、経常利益、人件費

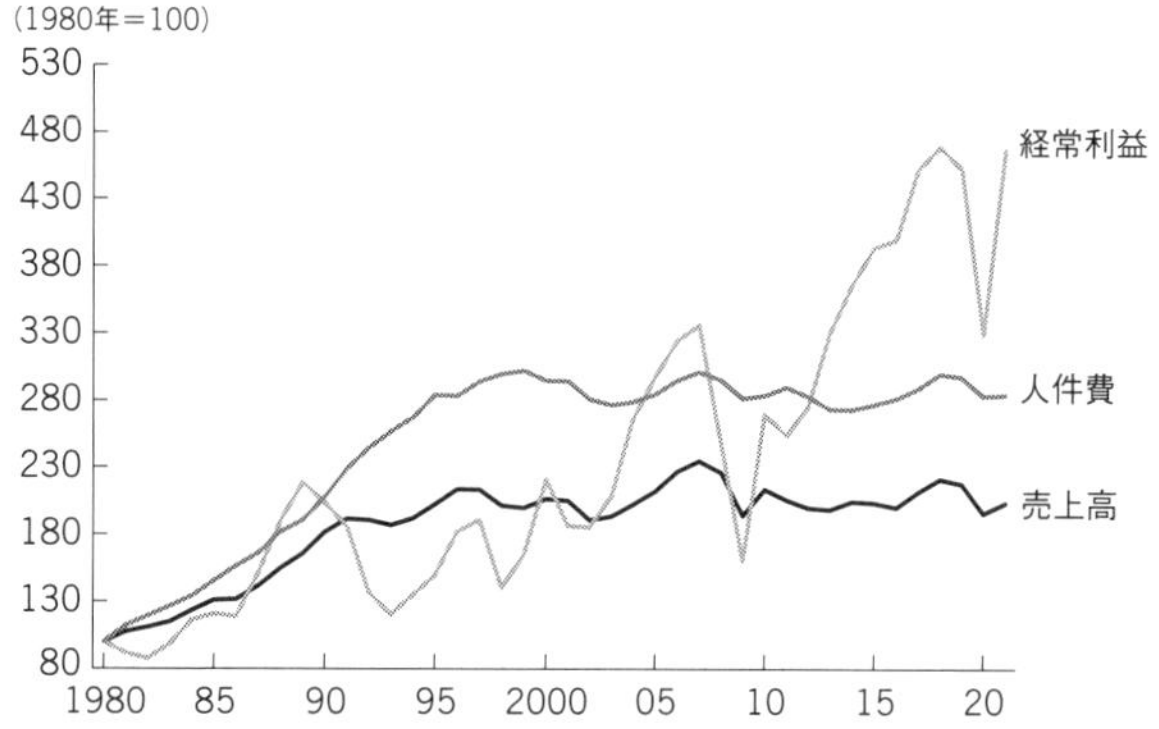

(出所) INDB、企業は全規模・全産業を対象としたもの

だけとは言えない。だが、この状況を踏まえて、為政者が（安倍前首相も同様だったように）「賃金への分配は十分なのか」という問題意識を持つこともまた、自然ではある。

先立つものは成長

とはいえ、賃上げに踏み切らせるだけの環境整備という観点に立てば、非科学的と揶揄されながらも入国規制や行動規制、マスク着用などを漫然と継続し、経済活動を犠牲にする姿勢はやはり解せないものはあった。国内の成長機会が制限されれば、当然、企業部門の賃上げ原資も圧迫される。パンデミック直後、日本

の成長率が他国のそれと比較して大きく劣後し、それが相対的な円や日本株の弱さに繋がってきた可能性は前述してきた通りだ。地力の弱さを差し引いても、２０２１年以降の国内経済の海外経済に対する劣後は正視に耐えかねるものがあった。

本書執筆時点の状況を見る限り、金融市場の記憶には『新しい資本主義』とは株価や景気を犠牲にすることなのか」という現実だけが残ってしまっているように見える。状況打開には、厳格なコロナ対策に拘泥する姿勢を修正し、成長率の復元を図ることが必要なのは明らかに思える。保守的な志向が強い高齢者層から高い支持率が得られるという理由で新規感染者数が増えるたびに行動制限や時短措置など民間経済活動に逐一介入する国において、旺盛な消費や投資意欲が育つ理由がない。もちろん、企業収益も伸びず、賃金も伸びないだろう。成長率が低い以上、これと整合的に金利も低位安定を強いられる。結果、他通貨対比で円は避けられやすくなる。先々の成長に賭ける株式投資についても言うまでもない。

人口が減少し、資源も乏しい国が成長を諦めてしまえば、貧しさだけが増してしまう。「分配」をするためには、先立つものとして「成長」がどうしても必要になる。こうした事実はパンデミック以降、「安い日本」を特集するメディアが急に増えたことが示唆的であるようにも思う。本書が刊行されている頃の日本の状況が大きく変わっていることを祈りたい。

第 3 章

「安い日本」の現状と展望

——観光立国は必然なのか?

「安い日本」の実態、「iPhoneが平均月収の6割」報道

それまでも散見されたものではあったが、パンデミックの発生した2020年以降、そこかしこで「安い日本」に着目する論調を目にするようになった。日本の財・サービス（象徴的には賃金）が諸外国と比較して安くなっているという議論は、本書の読者であれば一度は見聞きしたことがあるだろう。

こうした議論を深掘りして展開する方法は沢山あるが、分かりやすさの観点から特定のグローバルな財の価格を尺度にすることは多い。それは、マクドナルドのビッグマック、スターバックスのラテ、そしてアップルのiPhoneなどだ。例えば2021年秋に発表されたiPhone13に関して言えば、2021年9月16日付の日本経済新聞が『iPhone価格、10年で3倍の19万円　日本人平均月収の6割』と報じて大きな話題を呼んだ。「輸入品が高い」と実感する状況は日本の所得環境が海外と比較して劣化し始めている可能性を示唆する一方、海外の目線からすれば、文字通り、「安い日本」という状況が強まっている可能性を示唆する。なお、2022年7月1日、米アップル社はiPhoneを含む主要製品の日本価格を一斉値上げし、上述のiPhone13に関して言えば10～20％と大幅に引き上

げ、話題を呼んだ。このタイミングでの値上げは日本に限ったものと報じられており、[2]２０２２年３月以降の急激な円安・ドル高を反映した動きと言われた。

「半世紀ぶりの安値」をつけた円

右記のような商品の価格は、経済分析の世界では「物価」として総称される。物価はある国の居住者が日常生活で直面する財やサービスの「対内価値」を示す。一方、ある国の居住者が国外に目を向ける場合は「対外価値」を示す為替相場、要するに通貨価値が重要になる。円安になるということは、日本における財・サービスの「対外価値」が小さくなるということである。ドル建てで見たＧＤＰ水準も国際的に地盤沈下を起こしやすくなる。

主要貿易相手国に対する円の価値を加重平均した計数を名目実効為替相場と呼び、これに物価変動を加味したものを実質実効為替相場と呼ぶ。前者は「Nominal Effective Exchange Rate」で略してＮＥＥＲ、後者は「Real Effective Exchange Rate」を略してＲＥＥＲと呼ばれたりする。共に国際決済銀行（ＢＩＳ：Bank for International Settlements）が定期的に公表する計数である。とりわけＲＥＥＲはある通貨の総合力の尺度として用いられ、長期平均からの乖離率が着目されることが多い。

図表18　円の実効相場と長期平均の推移（実質及び名目）

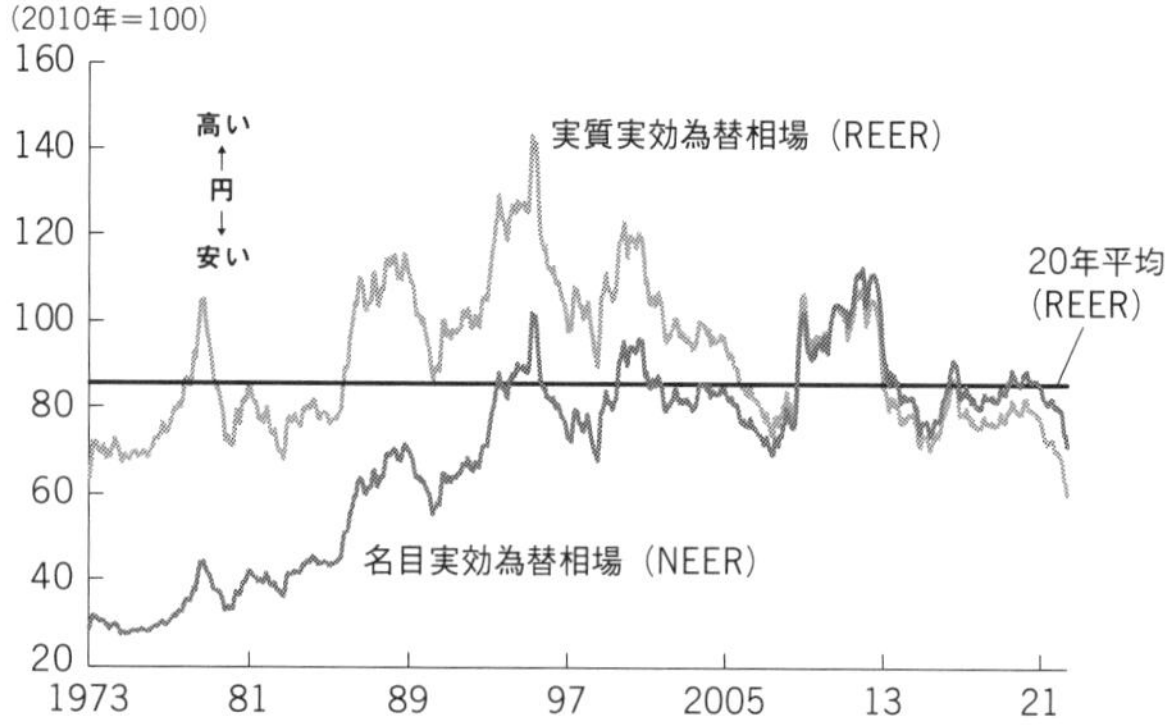

（出所）BIS

２０２１年後半以降、大々的に報じられたように、円のＲＥＥＲは「半世紀ぶりの安値」まで下落した。具体的に数字を見ると、円のＲＥＥＲは２０２２年６月時点で60・33まで下落している。これは変動相場制移行直後の１９７３年初期に記録していた水準（同年１～３月平均で68・08）に比べて10％以上安い水準であり、文字通り「半世紀ぶりの安値」という話になる（図表18）。２０２２年以降、この表現を繰り返し目にした読者は多いのではないか。

なお、２０２１年下半期以降の為替市場では、２０１５年６月に記録した70・64が「黒田ライン」と呼ばれ注目されていたが、それは２０２１年11月に割り込んでおり、その後も安値更新が続いた。2015年6月当時のドル／円相場は2015年6月に125・86円というアベノミクス下での最高値を付けた時期だった。2015年6月10日、黒田総裁は衆議院財務金融委員会で「実質実効為替レートがここまで来ているということは、ここからさらに（※実質実効為替レートが）円安に振れるということは、普通に考えればありそうにない」と語り、為替市場では円買いが殺到、ドル／円相場が急落するということがあった。しかし、2022年4月、ドル／円相場は125・86円をあっさり突破し、その後、20年以上ぶりの円安・ドル高水準を断続的に更新する展開に突入していった（その後、ヘッドラインでは20年ぶり、23年ぶり、24年ぶり……と高値更新報道が相次いだ）。1973年2月に日本が完全な変動相場制に移行して以降、日本の政治・経済・社会が円安を好感せず、むしろ恐怖感を抱いたのは2022年が初めてだったのではないかと察する。

水面下で進んだ「安い日本」

図表18に示すように、2020年以降のパンデミック局面ではNEERに比べてREERの下落が大きいことが分かる。厳密には2017年以降、その傾向が顕著になっている。なぜか。REERは主要貿易相手国に対する①「名目為替相場」と②「物価の相対的な変

化」に依存して算出される計数である。①は例えば、読者が目にするようなドル／円相場だ。普通の人々にとって為替と言えばこれを指すだろう。しかし、①が動かなくても、②に関し、日本の物価が諸外国に対して大きく下落すればＲＥＥＲは計算上、下がる。国内物価が海外物価に対して低く推移すれば「実質的にその通貨は安くなった」と解釈されるわけである。言い方をかえれば、ＲＥＥＲの下落は「外国人の目から見て日本の財・サービスの物価が相対的に下がっている（実質的に安くなっている）」という事実を意味しており、いわゆる「安い日本」を端的に切り出す計数と言える。世間の耳目を集めやすいのはドル／円相場だが、日本経済全体にとって重要な示唆を持つのはＲＥＥＲと言ってよい。

円のＲＥＥＲの歴史的安値は日本人からすれば購買力低下だが、外国人からすれば（日本に対する）購買力上昇である。本書執筆時点では観光目的の外国人旅行客（いわゆるインバウンド）は全面解禁されていないものの、今後日本に入ってくる外国人観光客はパンデミック前に比較して大きくパワーアップした購買力を発揮するはずである。

ちなみにＲＥＥＲがＮＥＥＲを顕著に下回り始めたのは２０１７年頃だが、２０１７年から２０１９年はドル／円相場の値幅が歴史的に見ても非常に狭い静かな時代だった（２０１８年および２０１９年は2年連続で史上最小値幅を記録している）。つまり、多くの人々が注目する①「名目為替相場」が動かない裏で②「物価の相対的な変化」に関して言えば、日本の物価が世界において大きく劣後した結果、「安い日本」がその頃から仕上がっていたのである。ドル／円相場が1年に20円や30円も円安・ドル高になれば誰しもが「安い日本」を体感する（実際、2022年はそういった年だった）。しかし、2017年以降は水面下で内外物価格差が拡大することで円の購買力が（他通貨に対して）相対的に低下し、多くの人が体感する間もなく「安い日本」が定着していたというのが実情に近い。

賃金格差と「半世紀ぶりの安値」

円のREERが「半世紀ぶりの安値」であることの背景を、身近な例からもう少し補足しておきたい。重要なことは、日本以外のほとんどの国では名目賃金が上がっており、それに合わせて財・サービスの価格が引き上げられるのが当然だという事実である。その結果が一般物価の象徴であるCPIなどの上昇である。CPIが海外と比較して常に冴えない日本の円のREERは計算上、押し下げられ続けることになる。

冒頭引用したiPhoneの値上げは為替変動（円安・ドル高）を反映している部分もあるが、そもそも賃金が上がっている国の新製品は定価設定の時点から日本人にとって高くなりやすいという点は抑えておく必要がある。iPhoneだけではなく、ロレックスなどの高級時計、メルセデス・ベンツなどの高級外車も2021～2022年に値上げ報道が相次いだ。世界中で販売される人気商品は当然、多くの国を対象とし、それらの国では賃金が上がっている。企業からすれば利益が最大化されるように価格設定をするのが合理的であり、購買力の高い国や地域が主たる市場ならば、価格も相応に引き上げられる。

世界中どこで購入しても同じ商品の価格が、買う場所（国）によって大きく異なるという状況が放置されるはずはない。iPhoneやロレックスのように国境を越えて簡単に持ち運べる人気商品であれば尚更、歪んだ価格設定が放置されにくい。結局、世界中で需要があり、日本人も欲する輸入財の価格は、日本人の金銭感覚とは無関係に引き上げられやすいのである。そうしたメカニズムは携帯電話や腕時計にとどまらず、幅広い最終財や中間財で働く。

円のREERが「半世紀ぶりの安値」を記録した背景には、こうした内外物価格差、もとを正せば賃金の伸び率格差が大いに関係してくる。とすれば、「半世紀ぶりの安値」を熟慮すればするほど、日本経済を議論する上で頻繁に争点化する「どうして日本の給料は上がらないのか」というテーマに行き着いてしまう。これは本書の趣旨とは逸れる非常に大きなテーマゆえ、別の機会または諸賢の論考に譲りたい。

「安い日本」をどのように活かすか

先にも述べたように、「安い日本」と呼ばれる状況になってしまった以上、それを嘆いても建設的ではなく、その状況をどう活かすかが国としての課題になる。この点、2021年12月14日、日本経済新聞は「アパレル、国内生産回帰 ワールドなど人件費増や円安で」と題し、日本の大手アパレル企業が国内生産回帰を進める動きを報じた。国内回帰の理由は円安および人件費上昇とされ、文字通り、巷間言われる「安い日本」が企業部門の行動に影響を及ぼし始めていることを伝えるニュースであった。

もちろん、アパレル業に限らずパンデミックを受けたサプライチェーン混乱が供給制約をもたらし始めているなか、国内生産が経営安定に繋がるという側面もあるだろうが、同記事で報じられている大手アパレル企業の1社は、将来的に国内生産比率を1割から5割へ引き上げる方針に言及していた。円の「半世紀ぶりの安値」に合わせ、企業行動も半世紀前の姿を探ろうとするのは、ある意味当然なのかもしれない。

もっとも、生産コストだけに着目すれば国内の方が依然高く、あくまで国内回帰させることで「注文・生産・納品のプロセスにかかる時間が短縮化され、機会損失を削減できる」というのが、本書執筆時点の話と見受けられる。しかし、「海外の賃金・物価は上がるが、日本はそうではない」という状況が続けば、生産コストに限っても日本が安くなる未来は遅かれ早かれ到来する。そもそも自国の「安さ」を活かして日本の財を海外に売る（輸出する）という経済成長の初期段階に先祖返りする兆候が、仮にもG7の一角である日本に少しでも見られることが目を引くと考えるべきだろう。

「サービス」は「安さ」を売りに輸出増

ちなみに、「安さ」を活かして輸出されるのは財だけではなくサービスも同様である。むしろ、財と異なり複雑な製造工程を考慮することがない分、ストレートに「安い日本」の魅力が外国人に届きやすい面もある。こうした動きは既にアベノミクスと言われた2013年以降の経済政策運営において鮮明に確認された。当時の大幅な円安相場を受けても、既に海外生産移管を進めていた製造業（要するに「財」にまつわる貿易収支）に関しては輸出が大きく増えることはなかった。

だが一方、「サービス」収支に関しては旅行収支の大幅黒字化を軸として万年赤字から黒

図表19　日本のサービス収支と訪日外客数

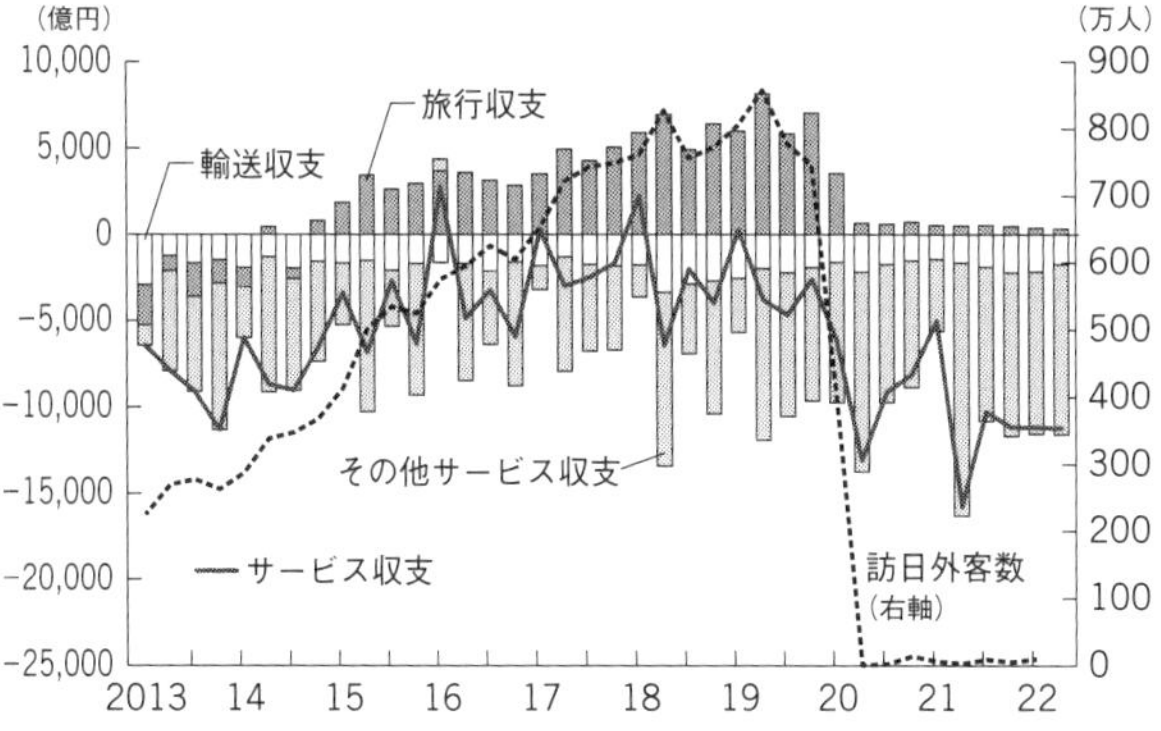

（出所）日本銀行、INDB

字へと転化する動きも見られた（図表19）。これは訪日外国人旅行者（図中では公表資料に倣って訪日外客数と表示）、いわゆるインバウンドに対する「サービス」の対価としての外貨獲得であり、自動車や電化製品など「財」とは形が異なるものの、立派な輸出のひとつである。アベノミクスの下、円安が実体経済に直接的かつ前向きな影響を与えたとすれば、財輸出ではなく旅行収支を軸とするサービス輸出であった。日本の旅行収支は２０１５年に約＋１・１兆円と暦年ベースでは初の黒字に転じ、その４年後の２０１９年には約＋２・７兆円と３倍弱まで膨らんだ。当時の勢いを考えれば、パンデミックさえなければ過去最高の黒字を更新し続けた可能性は高い（何より東京五輪が通常開催されていればと悔やまれる)。

より具体的な数字を見よう。2021年通年の経常黒字は約+15・5兆円とコロナ直前の5年平均(2014〜2019年)の約+19・9兆円と比較すれば4兆〜5兆円ほど下振れしている。2021年の経常黒字が下振れした原因はひとつではないが、原油価格を筆頭とする資源価格高騰に伴う貿易赤字拡大の影響は非常に大きなものであった。過去の実績を踏まえる限り、旅行収支黒字(2019年で約2・7兆円)はその貿易赤字で増えた円売りの小さくない部分を吸収するイメージになる。貿易赤字拡大に象徴される需給環境の変化が歴史的な円安相場の背景と言われていた2022年3月以降の状況を踏まえれば、旅行収支が往時の姿を維持していれば一定の歯止めになった可能性を感じさせる。

また、訪日外国人旅行者の増加は、円安抑止と同時に景気浮揚効果も当然期待できる。観光庁が発表する訪日外国人消費額は2019年時点で約4・8兆円と7年連続で過去最高を更新していた。前述したように円のREERが「半世紀ぶりの安値」になっているということは、訪日外国人旅行者にとってそれだけ日本の物価が「お得」に映っているはずなので、今後、日本で観光する際には一段と沢山の消費・投資をしてくれる可能性がある。「安い日本」の負の側面ばかりが注目されやすいが、パンデミックを経て訪日外国人旅行者が日本で発揮できる購買力がパワーアップしていることは日本の商機に違いない。

もちろん、そうした訪日外国人旅行者による消費・投資だけで日本全体の雇用・賃金情勢ひいては物価情勢が押し上げられるほど大袈裟な話にはならないだろう。しかし、後述するように、将来的に日本の主要な外貨獲得手段のひとつと位置づけるならば、外国人を邪険にし続ける政策は賢明とは言えない。

観光立国という美辞麗句

本書執筆時点では、岸田政権下における厳格な入国規制がまだ続いている。しかし、世界経済が完全にパンデミックを克服し、国内外の移動が正常化されれば、「旅行収支黒字の拡大」に注目した上で「安い日本」の未来を「観光立国化」という美辞麗句と共に展望する議論が騒がしくなるはずである。端的に「外国人の財布に頼る」ことになる観光立国というビジョンに関しては、賛否両論あるだろう。しかし、重要なことは、日本人が望むかどうかは関係なく、「相対的に安い日本」に魅力を感じる外国人は日本に入ってきて消費・投資を楽しんで帰るという事実である。お金と同様、人間も規制がなければある程度は合理的に動き回る。

2019年までの日本を振り返れば、外国人に人気の高い寿司店や宿泊施設などを中心に東京都心の飲食・宿泊業の価格設定が吊り上がっている状況が指摘されていた。将来的に、東京都心を中心として財・サービスの価格が外国人の消費・投資意欲に近いものから順に上がっていくことは十分予想される。それが日本の一般物価全体に波及するまでラグはあるだろうが、ベネチア（イタリア）やパリ（フランス）のように、多くの財・サービスが非居住者向けに傾斜し、高価格化する（いわゆる観光地価格になる）ケースもある。

前述したように、当該通貨の総合的な実力とも言われるREERは主要貿易相手国に対する①「名目為替相場」と②「物価の相対的な変化」に依存する。仮に、東京都心の物価上昇に連れる格好で日本の一般物価が上昇すれば、②の経路を通じて大きく下がってきたREERも反転される。それ自体は理論的に考えても然るべき調整と言える。

もっとも、そうした調整（REERベースでの円高）が日本に住む人々にとって幸せなことなのかどうかは別の話でもある。以上のような動きを観光立国化と総括すれば聞こえはよいし、実際、もう日本に残された道はそれくらいしかないという意見もある。だが、それは見方によっては訪日外国人に「尽くす」経済でもあり、結果として日本人の消費・投資がどのくらい伸びて、社会的厚生が高まっていくのかは新たな問題意識として浮上するだろう。

とりわけ異なる文化との交わりにアレルギーを覚えやすい日本だけに、直情的な議論も飛び交うようになるはずだ。

なお、そうして日本という国の全体像を議論することから離れ、円相場見通しという卑近な話題に目を移した場合も重要な含意がある。前述したように、旅行収支を中心とするリービス収支の黒字化を念頭に置けば、観光立国化と共に一般物価が押し上げられる可能性はそれなりに予見される未来である。だとすれば、「半世紀ぶりの安値」まで下落した円のRERが必ずしも①「名目為替相場」の円高で調整しない未来も十分あり得るという話でもある。つまり、ドル／円相場で言えば、かつての70～90円台（これは論者によって色々な水準があり得る）といった世界はもう想定する必要がないという考え方にも繋がる。

「令和の鎖国」で心配される禍根

「財」の生産に関して国内の空洞化が進んでいることを踏まえれば、「サービス」の輸出である旅行収支の黒字は日本経済にとって重要な外貨獲得機会と考えて差し支えない。しかし、パンデミック局面から立ち上がる過程では、日本の為政者がその重要性を理解しているのか疑義を抱かざるを得ない対応が続いた。

具体的には「令和の鎖国」と揶揄された岸田政権による厳格な入国規制である。名目上は感染防止を念頭に置いた水際対策という位置づけであったが、同時期の日本人が自由に海外を往来していたことを踏まえれば、感染対策としての体裁は完全に破綻していたと言える。また、2022年春以降、多くの先進国は入国規制を撤廃し、パンデミック以前の往来を実現しつつあった。そうしたなかでも日本がそのような措置を取り続けた背景には、人口動態上、保守的な志向の強い高齢者層が多く、過剰なコロナ対策が支持されやすいという実情があると言われた。岸田首相は就任間もない2021年12月に経済関係者らの会合で「(新型コロナウイルスへの対応は)やり過ぎの方がまし」と明言しており、実際にそうした政策運営が続けられてきた。その結果、政権への支持率は安定していたので、厳格な入国規制やそれに付随する防疫政策は世界的な潮流とはずれていたものの、緩和方向に修正する政治的な動機は乏しかったのではないかと推測する。

しかし、内外の経済主体からすれば、これは理不尽な措置であった。2022年2月9日、在日米国商工会議所のクリストファー・ラフルアー特別顧問が日本外国特派員協会での記者会見において「外国企業にとって日本が長期的に信頼できるパートナーかどうかに疑問を生じさせる」と胸中を吐露している。この会見を受けた2022年2月10日の日本経済新聞は「強まる『開国』要求 在日米商議所など、入国制限批判 ドイツ企業『損失130億円超』」と題し、（記事時点で）同会議所の会員企業において少なくとも150人の従業員が入国できず、その人数は「家族を含めれば数百人にのぼる」というラフルアー氏のコメントを取り上げている。

同時期、世界では入国規制の緩和が決断されていたことも、日本の特異さを際立たせていた。また、同記事では在日米国商工会議所、欧州ビジネス協会などが2022年2月3日に「科学的根拠に基づいた入国政策を早急に導入」するよう日本政府に求める共同声明を公表したことも報じている。これに類する報道は枚挙に暇がない。

なお、入国規制の影響は外資系企業だけではなく留学生にも及んだ。2022年2月3日の毎日新聞は「『いつになったら日本に行けるのか』『令和の鎖国』に世界が怒り」と題し、水際対策で門前払いを受ける留学生などの声を報じている。人口動態上、有望な企業や人材を海外から受け入れることは重要な国益のはずだが、真逆の政策対応が続けられた。

2022年4月17日には、世界の航空会社が加盟する国際航空運送協会（IATA）のウィリー・ウォルシュ事務総長がシンガポールで開かれたイベントに出席し、日本に対し入国規制の一段の緩和を要請するというひとコマがあった。過剰な防疫政策はゼロコロナ政策と揶揄されることが多く、その筆頭が中国として知られるが、日本の厳格な入国規制も中国と並んでアジア太平洋地域の航空需要回復の足枷になっていると批判された。日本人の海外旅行が容認される一方、ビジネスや留学が目的であっても外国人が日本へ入国する際には厳格な対応が求められるという構図からは、外国人の存在が「足蹴にされている」という印象を抱かれても仕方なかった。

国内からも同様の声が相次いでいた。2022年4月27日の経済財政諮問会議では、民間議員から新型コロナウイルスの水際対策の一環として認められていない「観光目的の入国」の早期再開が提言されている。ここまで内外からの反発を招いていても本書執筆時点で入国規制の上限は1日2万人に設定され、規制撤廃の決断は下されていない。

ちなみに訪日外国人数がピークだった2019年は約3200万人が日本に訪れていた。これは1日当たり約8・8万人であるから、1日2万人では往時の4分の1にも満たない。前述したように、同時期の世界的な潮流は既に完全撤廃の方向であり、同会議では岸田首相も「旺盛な海外需要の取り込みは経済の活力を高め、長期的な成長力を高めるものだ」と表明していたことを思えば、政策運営の背後にある理屈は理解が難しいものだった。

保守的な国内世論に依存した一連の水際対策が日本経済の将来にとってどのような禍根を

残すのかは、数年がかりで影響を注視する必要がある。例えば2022年4月11日の毎日新聞は「鎖国の日本『影響は2～5年後』 信頼回復、緩和だけでは不十分」と題した記事で影響の長期化を懸念している。記事中では交換留学などに関し、海外大学から関係打ち切りが申し出られたケースに言及がある。これらが完全に復元されるには相応の時間が必要という見方である。

繰り返しになるが、日本の企業や大学生は相手国に進出しているのに、その逆は駄目だというのはいかにも心証を害する。「令和の鎖国」政策の経験を踏まえ、今後の関係性を見直すという海外の企業や大学が出てくることはさほど不思議ではない。「令和の鎖国」によって日本が被るダメージの大小やその時間軸は、本書執筆時点では計りかねる。しかし、人口が減少基調にあり、天然資源も乏しいという条件に鑑みれば、科学的根拠もなしに外国人を門前払いするという政策運営は相当にリスクの大きな政策だったように思えてならない。自国通貨安を懸念する状況も併せ見れば、なおのこと、その思いは強まる。

旅行収支を巡る円と人民元の関係

ところで、旅行収支は貿易収支に比べれば注目度が劣るものの、円相場の動きを占う上でも小さくない影響を与えているように思えた。パンデミック直前の2019年、訪日外客数は正確には3188万人を記録し、旅行収支は約2・7兆円の黒字と、いずれも過去最高だった。周知の通り、観光目的で日本にやってくる外国人の多くは中国人であり、2019年に関して言えば約30%が中国（954万人）で、これに韓国の約18%（558万人）、台湾の約15%（489万人）が続いた。当然、米国人が日本に旅行に来るときはドルを売って円を買うという為替取引が発生するように、中国人ならば人民元を売って円を買うという為替取引が発生する。そこで名目実効為替相場（NEER）の動向を見ると、円の下落傾向は2021年初頭から始まっている一方、同時期に人民元の上昇傾向も始まっていたことが分かる（図表20）。

もちろん、為替取引の因果関係を特定するのは容易ではないものの、円と人民元の対照的な動きは、旅行収支に関して「黒字が消えた日本」と「赤字が消えた中国」という事実関係を想起させるものでもあった。図表21に示すように、パンデミック以前は断続的な赤字すら

図表20　円と人民元の名目実効為替相場

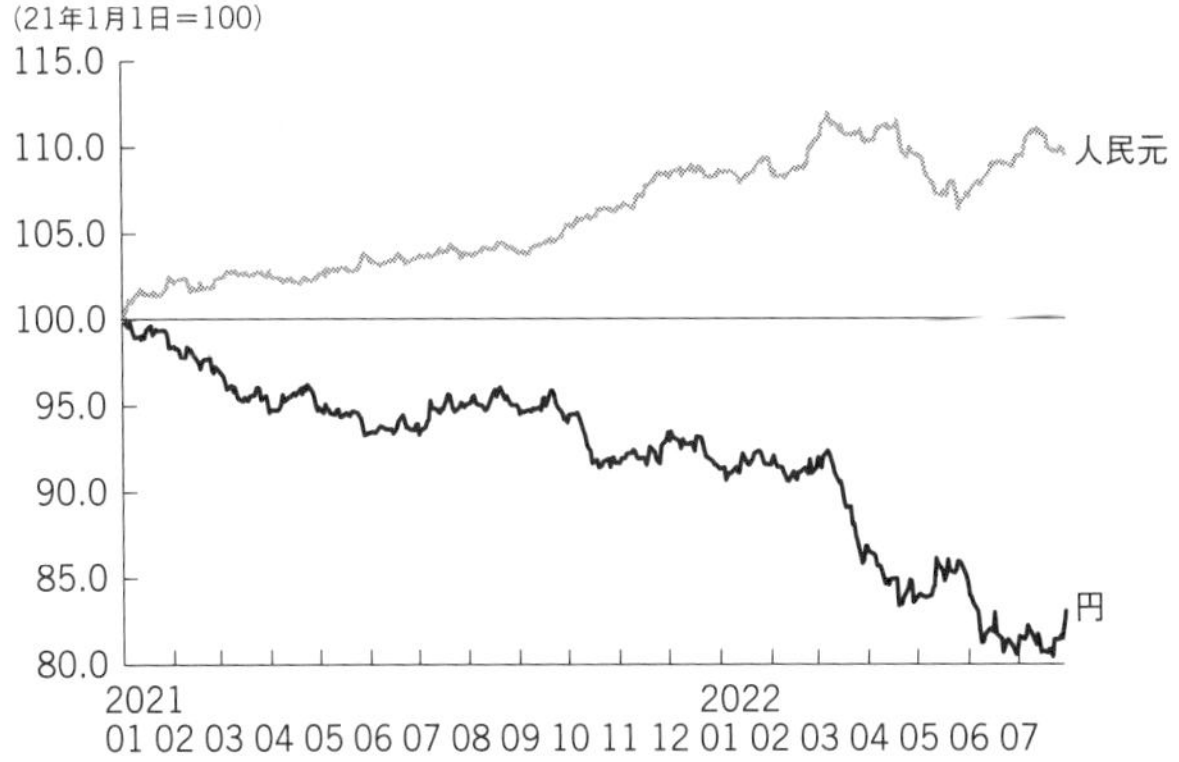

（出所）Macrobond、2022年7月末までのデータ

図表21　中国の経常収支

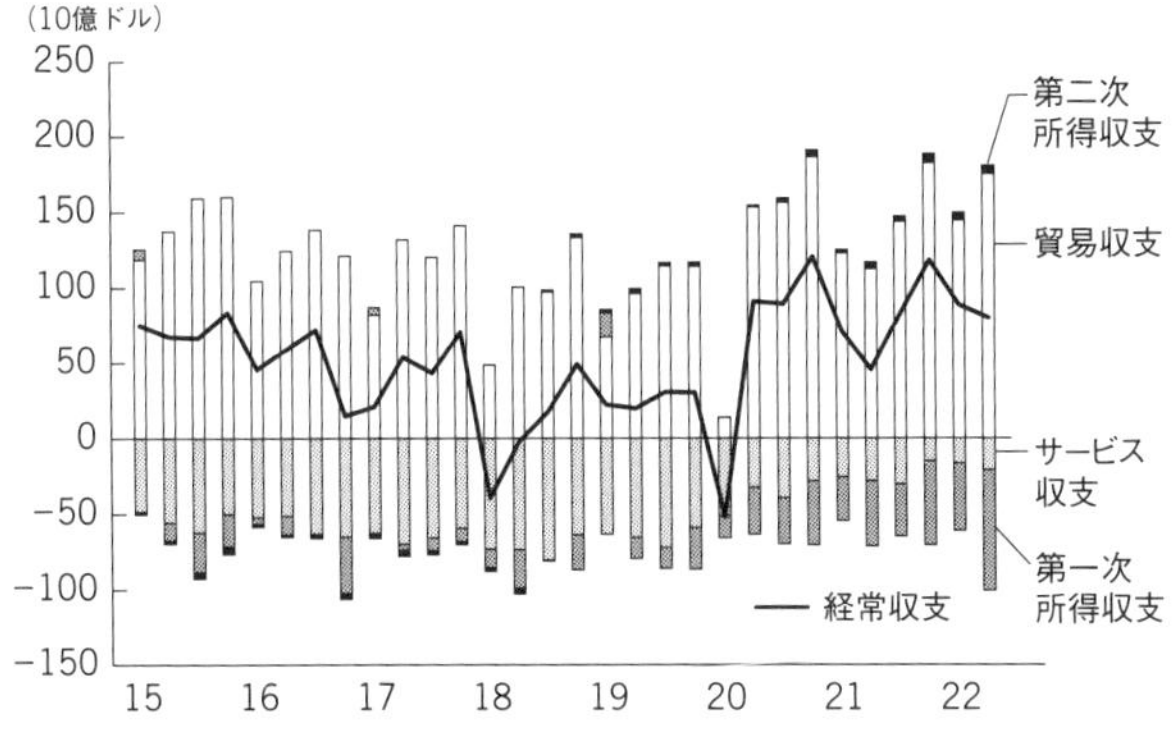

（出所）Macrobond

指摘されていた中国の経常収支は、2020年のパンデミック発生以降、海外旅行の動きが封じられるなか、旅行収支赤字（ひいてはサービス収支赤字）が急減し、結果として経常黒字が押し上げられる展開を辿った。これは日本から見れば中国人の「爆買い」消失を意味し、外貨獲得機会（人民元売り・円買い）が消失したことも意味する。図表20で見たような通貨の強弱とこうした旅行収支を巡る両国の状況は、相応に関係があったようにも感じられる。

なお、こうした中国からのインバウンド需要の重要性を説くにあたっては、「中国人旅行客に依存してまで経済や為替の安定に努めるべきではない」という政治的な懸念も一部にはあり、議論は単純ではない。だが、そうした政治的議論とは裏腹に、実体経済の結びつきは為替相場を含めて緊密なものになっていることは指摘しておきたい。その上で国家安全保障の観点から、制限すべき部分は制限するという論点は活発に議論されて然るべきであるとも思う。あくまで為替需給に鑑みた場合、重要であるという指摘に本書ではとどめたい。

BOX ②

GDPデフレーターに映る「安い日本」の「豊かさ」

GDPデフレーターで見る「豊かさ」

円安と共に用いられることが多い「安い日本」のフレーズは、どちらかと言えば、外国人の目線で日本を評価した時の印象を表すものだろう。日本人の目線で日本を評価した時は「安いかどうか」よりも「豊かかどうか」にまつわる国内の実感の方が重要と言える。この点、日本経済にまつわる「豊かさ」をつかむ上ではGDPと共に四半期に一度公表されるGDPデフレーターを理解することが参考になる。

GDPデフレーターは、

名目GDP成長率 − GDPデフレーター ＝ 実質GDP成長率

で用いられる計数であり、名目GDPを実質化する際に使用される物価指数だ。GDPデフレーターの成り立ちを理解することで、日本経済が長年悩まされてきた「デフレの正体」にある程度迫ることはできるし、2022年以降で見たような資源高や円安で輸入物価が上振れる局面において、その問題点を可視化することができる。

まず、ＧＤＰデフレーターは「名目ＧＤＰ÷実質ＧＤＰ」で定義される。ＧＤＰに関する「三面等価の原則」（生産・分配・支出、いずれの側面から算出したＧＤＰも等しくなるという原則）に基づき「名目ＧＤＰ＝名目国内総所得（ＧＤＩ）」であることから「名目ＧＤＰ÷実質ＧＤＰ」は「名目ＧＤＩ÷実質ＧＤＰ」とも表現できる。非常にラフに言えば、名目ＧＤＰが生産「金額」の概念であるのに対し、実質ＧＤＰは物価変動を除去した生産「量」の概念である。なお、名目ＧＤＩは分配「金額」もしくは「所得」金額の概念である。そうだとすれば「名目ＧＤＩ÷実質ＧＤＰ」で求められるＧＤＰデフレーターとは「付加価値１単位を生産することにより得られる所得金額」の概念ということになる。直感的に、この上昇なくして、市井の人々が感じる「豊かさ」が改善するとは考えにくい。

図表22は２０１２年以降の約10年間に関するＧＤＰデフレーターの推移を見たものだ。これを構成する需要項目別のデフレーターも確認できるようにしている。図に示されるように、ＧＤＰデフレーターは断続的に下落しているが、その背景は主に輸入デフレーターの下振れであることが多く、往々にして原油を筆頭とする資源価格の上昇が注目を集めていた局面と一致してきた。例えば２０１３～２０１４年、２０２１～

図表22　GDPデフレーター（季節調整値）の要因分解

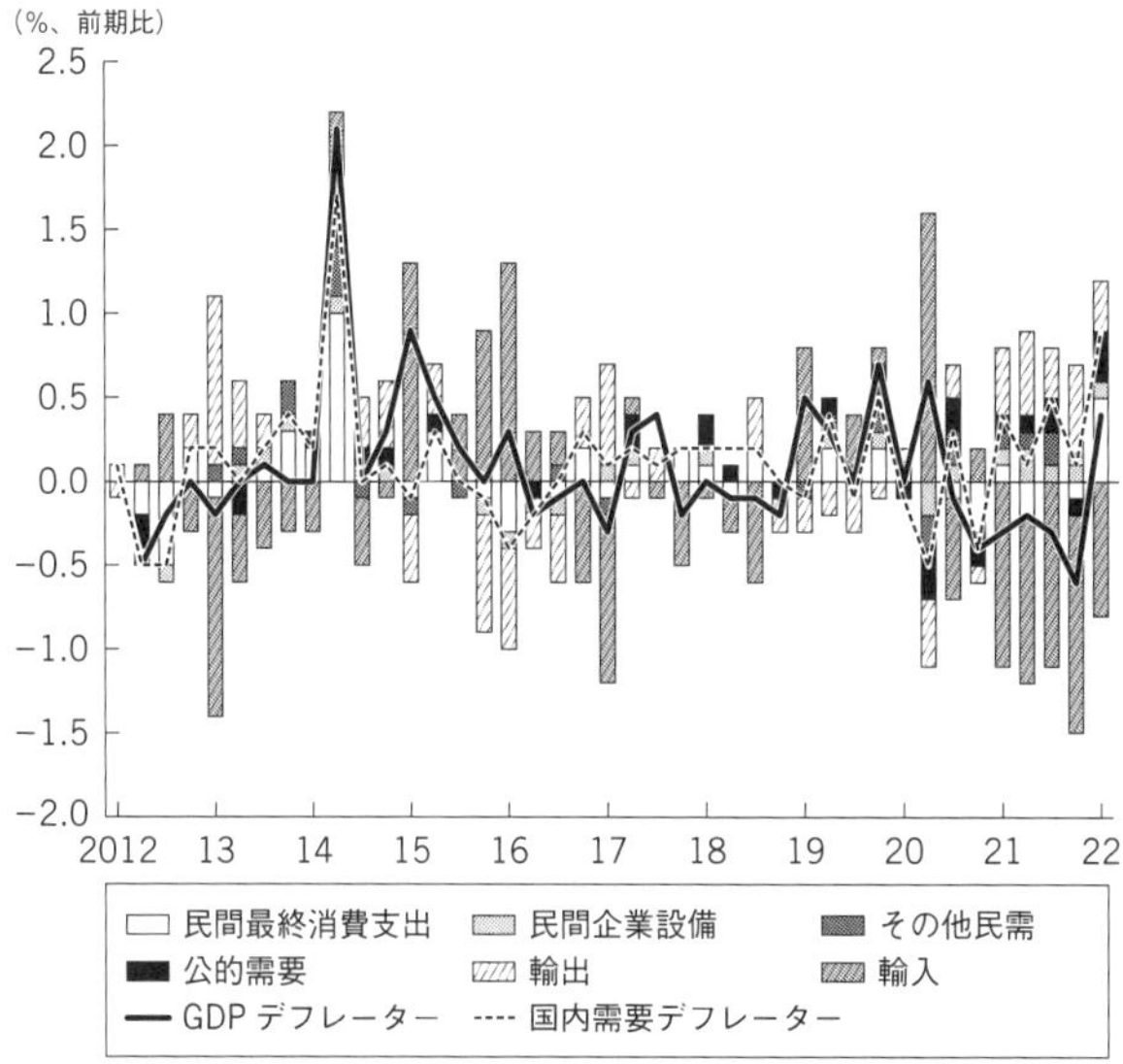

（出所）内閣府

2022年などは、円安や資源高が注目されていた局面である。

そうした局面は、言い換えれば、日本経済にとって交易条件が悪化する（交易損失が拡大する）局面である。交易条件は、分かりやすく言えば「1つ輸出して何個輸入できるか」といった概念である。原油高主導で輸入物価が輸出物価よりも相対的に上昇すれば、資源輸入国である日本の交易条件は悪化する。ＧＤＰデフレーターはその構成上、資源を筆頭とする輸入財の価格が急騰する局面では下落しやすい。片や、ＧＤＰデフレーターが上昇する時は輸入財ではなく、あくまで国内財の価格主導でインフレ（ホームメイドインフレ）が起きていることを意味する。いわゆる「良いインフレ」と言えば、こちらが企図されることが多いだろう。だからこそ、ＧＤＰデフレーターは内閣府の判定するデフレ脱却の基準[3]としても用いられてきた。

交易条件を足枷としてきたＧＤＰデフレーター

ここで一般的に注目されることの多い物価指数であるＣＰＩとＧＤＰデフレーターに関し、その構成上の違いを含めて理解を深めておきたい。

日本ではＣＰＩの低位安定もさることながら、ＧＤＰデフレーターはそれ以上にはっきりと下落してきた（図表23）。例えば資源高と円安の併存が確認され始めた２０２１年以降を例に取ると、ＧＤＰデフレーターは２０２１年４～６月期から同年10～12月期まで３四半期連続で前期比マイナスが続いた。片や、ＣＰＩは同年４～６月期こそマイナスだが、その後の7～9月期、10～12月期とプラスに転じていた。長期時系列で見れ

図表23　CPI総合とGDPデフレーター、交易条件

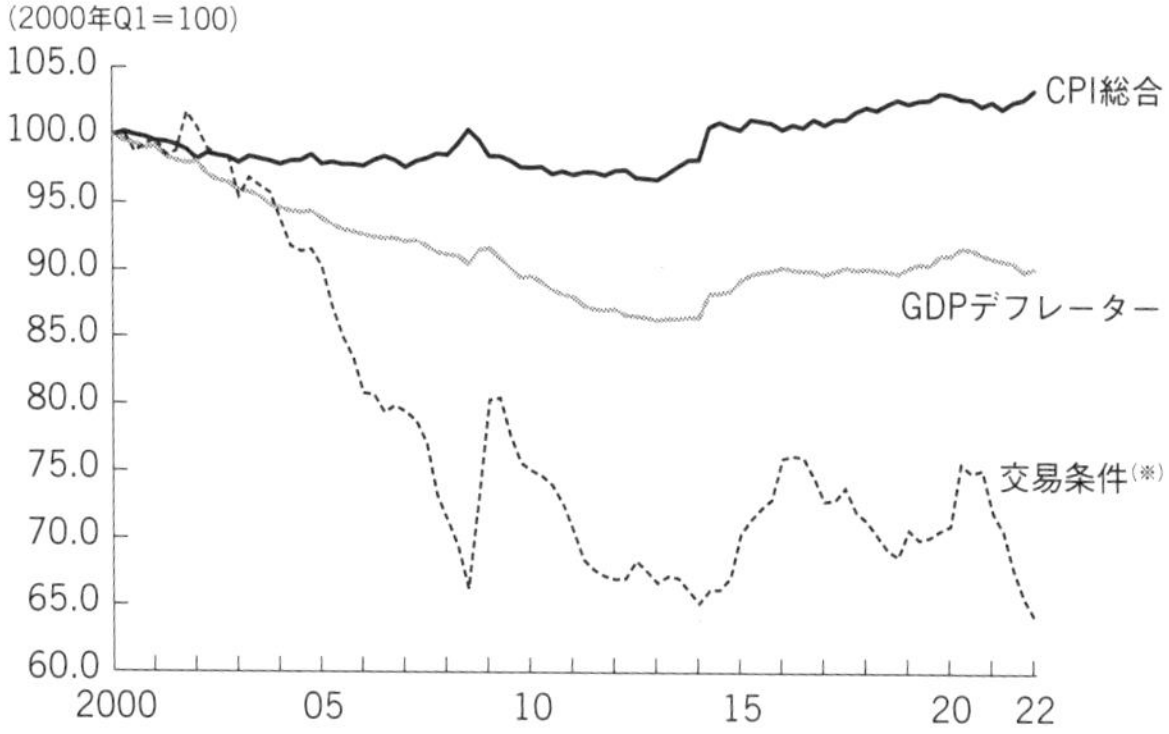

(出所) Macrobond、※輸出デフレーター÷輸入デフレーター

ば、日本人の多くが抱くであろう「デフレ」のイメージやその軌道は、CPIよりもGDPデフレーターの低空飛行の方が腑に落ちるのではないか。

両者の違いは輸入財に対する扱いの違いであり、端的には交易条件の動きに起因している。定義上、両者の差異を端的に言い表すと「CPIは国内消費を対象として輸入された財の価格も反映する一方、GDPデフレーターは輸出品を含む国内で生産された財の価格を反映する」という説明が可能である。

例えば、2022年以降、日本では企業物価指数(PPI)が顕著に上昇し、これは企業部門の負担を表していた。言うまで

もなく、この過半は原材料価格、言い換えれば輸入財の価格に起因していた。図表22で見たように、GDPデフレーターの下落は輸入デフレーターに引きずられる部分が大きい。つまり、PPI上昇もGDPデフレーター下落も資源を筆頭として輸入財の価格が上昇し、企業部門の負荷が増しているという事実を示唆するという意味で共通している。

片や、CPIは輸入財の価格も反映するので、資源高の局面ではどうしても上昇しやすくなる（日本では企業部門〈≒PPI〉がコストを吸収するので上昇しにくいが）。2000年初頭を100とした場合、CPI（総合）に比べてGDPデフレーターは低迷が目立つ。この背景に輸入財価格の上昇による交易条件悪化があったことは図表23を見るとよく分かる。CPIよりもGDPデフレーターの方が日本経済の低迷をよく表しているように感じられる。

「デフレの原因はインフレ」という理解

既述の通り、GDPデフレーターは「付加価値1単位を生産することにより得られる所得金額」の概念であり、直感的にそれは日本人の感じる「豊かさ（ないし貧しさ）」に

図表24 実質賃金の要因分解

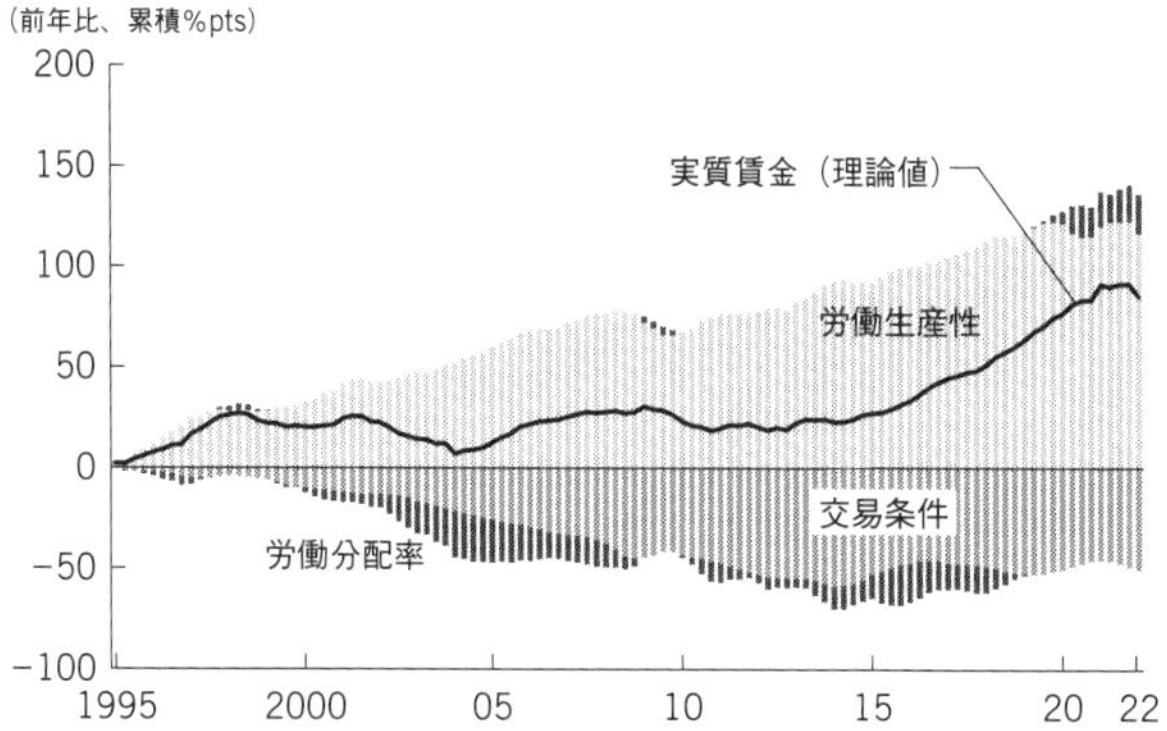

（出所）内閣府「国民経済計算」、厚生労働省「毎月勤労統計」

直結しそうである。おそらく、意味が曖昧に使われがちな「デフレ」という感覚の大小にも一致するように思える。輸入財の価格主導で交易条件が悪化し、日本人の所得が海外（とりわけ資源国）へ流出することで人々の覚えるデフレ感（貧しさ）が強まってきたという総括は、さほど的外れではないように感じられる。

なお、交易条件の悪化が「豊かさ」を抑制してきたという事実を確認する方法は、GDPデフレーターを見る以外にもある。本欄はGDPデフレーターの重要性を解説するのが趣旨であるため、やや回りくどい説明となったが、そもそも実質賃金は理論的に、①労働生産性、②交易条件、③労働分配率に分解される。[4] 図表24はこの関係を元に、日本における時間当たり実質賃金の前年比変化率の累積を寄与度分解したものだ。労働分配率もさることながら、交易条件の悪化が実質賃金の伸びを押さえてきた様子がよく分かる。資源高に起因する部分も当然大きいが、困ったら直ぐに円安を万能策のように崇め奉ってきた経済政策にも責任の一端はある。

こうしたＧＤＰデフレーターにまつわる理解を深めていくと、日本経済において人々が感じてきた「豊かさ」の低下、言うなれば「デフレ」感は、資源高などによる交易条件悪化に主導されてきたという歴史が見えてくる。これらの事実を少々ラフに総括すれば、「デフレの原因は（資源や円安主導の）インフレ」と言うこともできるかもしれない。資源価格主導で上昇するＣＰＩが望まれないのは周知の事実だが、それはＧＤＰデフレーターの下落がより率直に示す事実であることは知っておきたい。

第 4 章

本当に恐れるべきは「家計の円売り」

――「おとなしい日本人」は変わるのか？

貿易赤字や直接投資は「企業部門による円売り」

既に論じてきたように、2022年春先から注目された円安相場は、日米金融政策格差というオーソドックスな論点に加えて、貿易赤字拡大に象徴される需給環境の変化が取り上げられることが多かった。需給環境と一口に言ってもその意味するところは幅広く、象徴的には、①資源高を主因とする貿易赤字拡大だが、②日本の企業部門による対外直接投資の増大も円売り圧力を相当に強めている事実は第1章で論じた通りである。①は毎月経常的に発生する円売り・外貨買いであるのに対し、②は企業買収時にまとまったボリュームで発生する円の売り切りである。2011~2012年頃を境として日本では②の勢いが著しく強まった結果、対外純資産残高の約半分を直接投資が占めるようになった。

この点も第1章で議論したものだが、かつて日本の対外純資産残高と言えば米国債や米国株などに代表される証券投資だった。リスク回避ムードが強まった際、保有している海外の有価証券を売る（＝外貨売り・円買いする）という動きは想像できるが、入念に検討を重ねた上で買収したであろう海外の企業を売却する動きは想像が難しい。「リスクオフの円買い」の迫力が薄れた背景には貿易黒字の消滅も当然あるが、中長期的には対外直接投資の増大も相当寄与していると筆者は考えている。なお、右記した①や②の動きは、基礎収支（経常収支＋直接投資）の流出として総括されることも第1章で論じた。

本当に恐ろしいのは「家計部門による円売り」

なお、①や②の円売りは「企業部門による円売り」という総括も可能な資本フローだが、過度に憂慮されるべきものではない。例えば貿易収支は、赤字にせよ、黒字にせよ、資源高で極端に歪むことはあるが、理論的には最適な国際分業の結果であり、「黒字が善で赤字が悪」といった理解は正しくない。かつてのトランプ元米大統領のように黒字・赤字を企業の利益・損失のように論じようとする立場には、注意が必要である。

また、対外直接投資も市場縮小が既定路線になっている日本を抜け出し、市場拡大を見込める海外に活路を見出すという合理的な経営判断の結果だと言える。それは、投資をする上での期待収益率に関し日本ではなく海外を評価したという意味で、一種の企業部門による資本逃避とも読み替えられるが、海外事業の成功が国内経済に還元されることも期待されるため、やはり一概に悪いことばかりではない。現に、そうした過去の投資から生み出される投資収益から構成される第一次所得収支黒字が2011～2012年頃を境に日本の経常黒字の主柱となっている。円安相場ではそうした第一次所得収支黒字が巨大な為替評価益を伴い経常黒字全体をかさ上げするという現実がある。

つまり、①や②のような「企業部門による円売り」は円安を駆動する材料ではあるものの、それ自体、悪いことばかりではない。これに対し、本当に恐れるべきは「家計部門による円売り」ではないかと筆者は常々感じている。家計部門が円建て資産の保有をリスクと考え始め、海外投資に関心を寄せ始めた場合、それは単なる防衛行為であり、日本経済にとっての恩恵は乏しいものになる。後述するように、家計金融資産の数％が外貨へ分配されるだけでも大変な規模に至るため、かなり幅を持った円安になる懸念を孕む。以下では、この論点を掘り下げてみたい。

成長の放棄はいずれ「家計部門の円売り」を招く

本書執筆時点では、「家計部門の円売り」が直ぐに起きるという雰囲気はない。しかし、これからもそうだという保証は全くない。２０２２年3月以降に本格化した円安相場において、岸田政権の経済政策は金融市場で全くと言ってよいほど支持されていなかった。これはＢＯＸ①で議論した日経ＣＮＢＣの調査や外国人による日本株売買動向などでも見た通りだ。人口動態上、大きなボリュームを占める高齢者層に寄り添った保守的な政策運営を続ければ、支持率こそ落ちないが、成長率は低空飛行を余儀なくされる。パンデミックからの復活に際しても、海外は経済正常化を優先したが、日本は日々の新規感染者数をカウントすることに拘泥し続けた（これはパンデミックから2年半以上が経過した本書執筆時点でも全く変わっていない）。新規感染者数が増えるたびに行動制限に象徴される民間経済活動への介入を慢性化させ、外国人の入国も拒み続けた。当然、成長率は先進国の中でも突出して低い仕上がりになり、本書執筆時点でパンデミック直前の実質ＧＤＰ水準を割っている先進国は日本くらいである（図表25）。

こうした状況は、「もともと日本の潜在成長率が低いから」という次元の話では説明できない。本来はパンデミック発生を受けて急激に悪化した２０２０年からの反発が期待されるはずの２０２１年の成長も（東京五輪があったにもかかわらず）弱々しいものにとどまったのである。新規感染者数が増えるたびに飲食店への時短営業や個人への行動制限が強いられる環境では、消費・投資意欲は復活しようがなかった。既に述べたように、こうした成長度外視の防疫政策は若年層に比べて行動範囲の限られる高齢者層が多い社会では決定的な批判に晒されにくく、政治的にも好まれやすいとの評論は多かった。その解釈が事実とすれば、仮

図表25　主要国の実質GDP

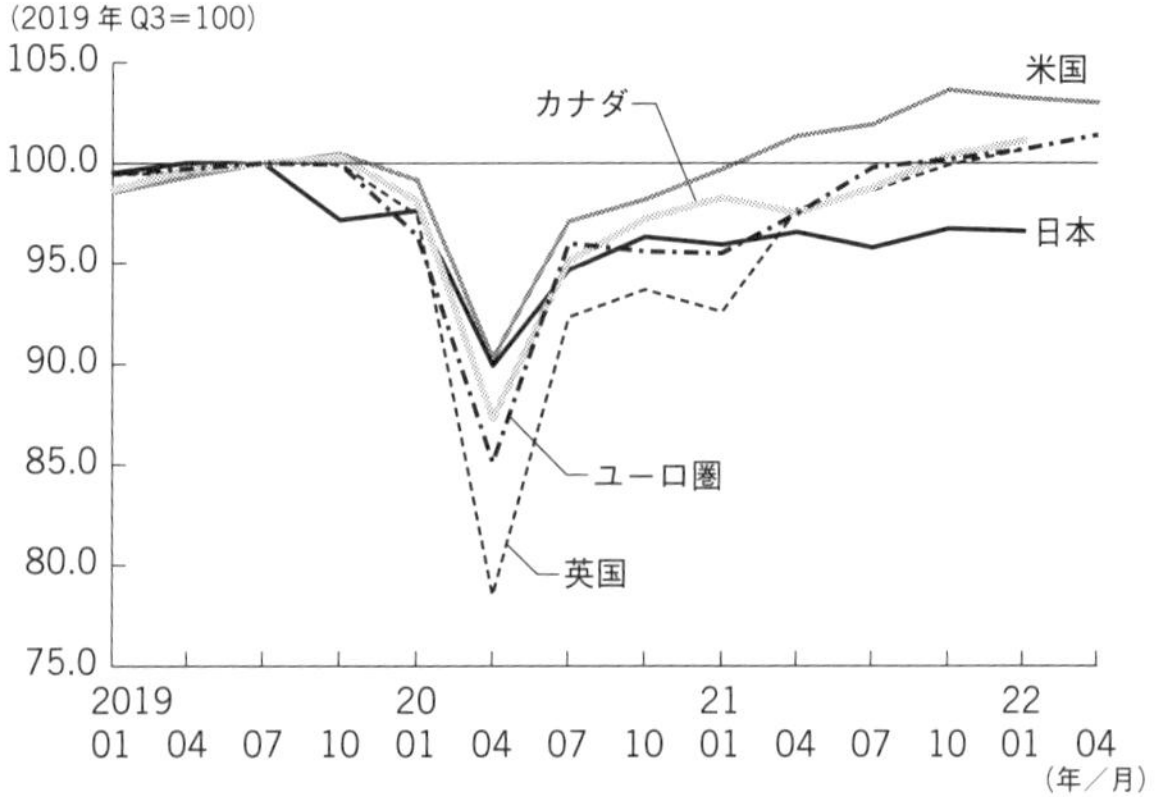

(注) 2019年Q3をパンデミック前 (100) と見なすのは日本の消費増税や台風19号による落ち込みの影響を避けるため。英国、日本、カナダ以外は2022年4-6月期まで。
(出所) Macrobond

にパンデミックが完全終息をみたとしても、今後の日本社会で散発的に顔を出す政策傾向になると思われる。

民主主義の国で多数派の意見が通りやすくなるのは致し方のないことではある。だが、そうした現役世代の意向を軽視する政策を続けるほど、成長率は停滞する。当然、日銀は緩和路線を続けざるを得なくなる。特に２０２２年以降は、日本以外の先進諸国が利上げに傾斜したことで金利面に限れば円に対する投資妙味ははっきりと悪化した。日本の成長率が特に出遅れた２０２０年１月から２０２２年６月までの間に、円は名目実効為替相場（ＮＥＥＲ）ベースで▲16％、実質実効為替相場（ＲＥＥＲ）ベースで▲24％、対ドルでは▲25％と、それぞれ下落している。短期間に円の価値がこれほど下がったことは歴史的にも珍しく、Ｇ７通貨の中では圧倒的な弱さだった（前掲図表12を参照）。また、円安だからといって同時期の日本株が買われたわけでもなかったことはＢＯＸ①でも述べた通りだ。円を持っているだけで他通貨に対して価値が劣化するという環境が続けば、日本の家計部門が「円建て資産の保有をリスクと考え始める展開」は否定できない未来に思えてくる。

外貨運用増加の胎動も

ここで日本の家計部門が保有する金融資産構成に関し、具体的な数字を見ておこう。保守的な国民気質や金融リテラシーの欠如など、様々な理由が指摘されるなか、日本では長年、個人金融資産の95％以上が円貨性の資産で保有され、50％以上がほぼ何の収益も生まない現預金（外貨預金除く）に留め置かれてきた。２０２２年３月末時点で日本の家計金融資産は２００５兆円と２０００年３月末対比で６００兆円ほど増えている（図表26）。しかし、その増分の半分以上（３４０兆円）が円建ての現預金である。リスク資産の代表格である株式・出資金の比率は10％前後で、20年以上経ってもほとんど変わっていない。２０１４年に

図表26　日本の家計金融資産状況（2000年3月末と2022年3月末）

	2022年3月末 金額（兆円）	2022年3月末 構成比（%）	2000年3月末 金額（兆円）	2000年3月末 構成比（%）	2000年3月末から2022年3月末にかけての変化 金額（兆円）	2000年3月末から2022年3月末にかけての変化 構成比（%）
総資産	2,005.1	100.0	1,401.1	100.0	603.9	
外貨性	67.6	3.4	13.2	0.9	54.5	2.4
外貨預金	7.0	0.4	3.1	0.2	3.9	0.1
対外証券投資	23.5	1.2	4.7	0.3	18.8	0.8
投資信託	37.1	1.9	5.3	0.4	31.8	1.5
円貨性	1,937.4	96.6	1,387.9	99.1	549.5	▲2.4
現預金（外貨預金を除く）	1,081.4	53.9	741.6	52.9	339.7	1.0
国債等	25.7	1.3	50.6	3.6	▲24.9	▲2.3
株式・出資金	203.9	10.2	138.3	9.9	65.6	0.3
投資信託（外貨部分を除く）	58.8	2.9	52.2	3.7	6.6	▲0.8
保険・年金準備金	539.7	26.9	369.9	26.4	169.8	0.5
預け金など	28.0	1.4	35.3	2.5	▲7.3	▲1.1

（出所）日本銀行「資金循環統計」。一部は筆者試算

鳴り物入りで導入されたNISA（少額投資非課税制度）などの影響もさほど見られず、政府が目指してきた「貯蓄から投資へ」はあまり奏功しているように見えない。日本の家計部門において、未だ円に対する信頼は極めて大きいものだと感じさせられる。

こうして見る限り、家計金融資産が円相場の価値を考える上で「最後の砦」であるという印象は本書執筆時点で大きくは変わっていないが、よく見れば変化の胎動も見出せる。図表26に示すように、外貨性資産を構成する預金・対外証券投資・投資信託のいずれも2000年3月末と比較すればシェアを伸ばしており、金額ベースで預金は2・3倍、対外証券投資は5・0倍、投資信託は7・0倍になっている。円貨性の現預金が依然として約54％を占め、金額としては2000年3月対比で340兆円ほど増えているものの、シェアで言えば＋1・0％ポイントの伸びにとどまる。

片や、筆者試算では、外貨性の投資信託だけでシェアは＋1・5％ポイント伸びており、家計金融資産における存在感の高まりは、こちらの方が相対的に大きい。同じ期間に円貨性の株式や投資信託は際立った増え方をしていない（シェアでは概ね横ばいである）ことを踏まえれば、「貯蓄から投資へ」の動きが進んだというよりも「円から外貨へ」という動きが進んだというのが正確な表現に思われる。全体の比率に関しては円貨性の現預金に圧倒されてしまっているが、海外資産への関心は確実に高まっているように見える。

第1章から第3章までで議論を重ねてきたように、日本経済の対外経済部門（経常収支や対外純資産の動向など）が何らかの構造変化に直面していることは否めない真実である。フェアバリューのない為替市場において因果関係を断定する議論は難しいものの、「消滅した貿易黒字」や「対外直接投資の急増」といった需給面の変化は「20年以上ぶりの円安・ドル高」や「REERにおける半世紀ぶりの円安」「戻らなくなった購買力平価（PPP）」などの事実とおそらく無関係ではないと筆者は感じている。円建て資産を取り巻く環境が2000年前後、いや2010年前後と比較しても大きく変わってきているのは間違いない。その上で円の価値低下が値上げ機運の高まりなどを通じて実感されれば、これまではおとなしかった日本の家計部門も動き出す可能性はある。歴史的に当然視されてきた保守的な運用傾向が、いつまでも同じである理由はない。

もとより日本の家計部門は、FX（外国為替証拠金取引）や暗号資産取引など投資というよりも投機に近い高リスクな資産運用に関心を持つ傾向があり、決して根っから「保守的なので投資しない」というわけでもないと筆者は思っている。資産運用に関し「おとなしい日本人」もいつかは変わる可能性は十分ある。

海外株投資という名の円売り

「円より外貨」という運用志向は「日本経済の成長に賭けるよりも海外経済の成長に賭けたい」という思惑の一端を示すものだと言えるが、これは既に投資信託経由の株式投資の実情に透けて見える。２０２０年以降（あるいはもう少し前から）、日本では米国株投資がひとつのブームのように取り上げられる風潮があった。２０２１年12月28日の日本経済新聞には「若者の投資は消費感覚」と題した大手ネット証券会社社長のインタビューが掲載されていた。[5] 着実なリターンが期待できるからこその潮流と言える。

　対照的に日本株の人気は目を覆いたくなるような状況である。ＢＯＸ①では95％以上の個人投資家が岸田政権に対し「支持しない」と回答したアンケート結果を紹介したが、そのような数字は極端だとしても、「株式投資ならば国内よりも海外」という家計部門の思惑は投資信託を通じた株式売買動向からも明らかである（図表27）。なお、こうした日本人による外国株式投資は２０２２年以降、世界的に金融緩和が巻き戻される中で相当な痛手を被ったと見られるが、同時に激しい円安が進んでいたこともあり「株価が下がっても為替差益で助かった」という投資家も相当にいたのではないかと推測される。そうした経験値も余計に外

図表27　投資信託の株式売買（国内株式と外国株式、2012年3月以降の累積）

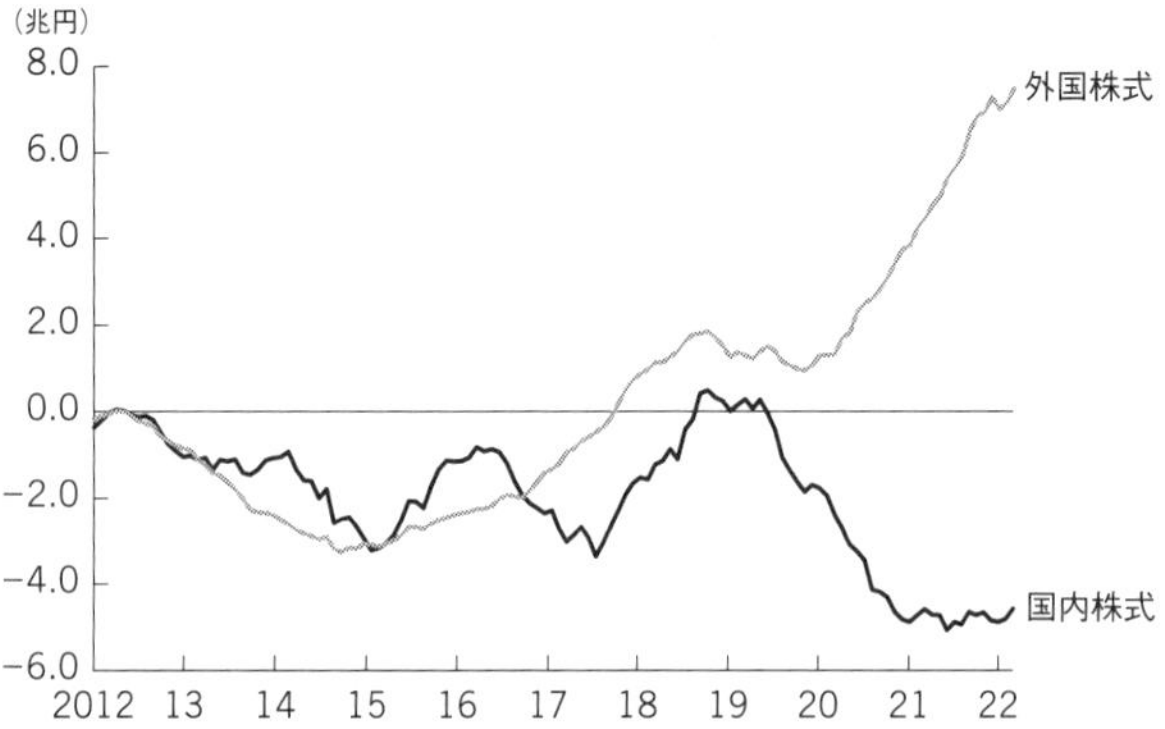

（出所）投資信託協会、2022年6月までのデータ

国資産への投資意欲を高めるだろう。

こうした動きはまだ２０００兆円を超える家計金融資産の末端に過ぎない動きだが、後述するように日本の家計金融資産が円建て資産偏重であることは確かであり、米国株を筆頭とする海外投資ブームは国内資産への執着が修正される前振れとも理解できるかもしれない。図表26でも示した通り、２０００年以降の四半世紀弱でその動きは確実に進んでいる。本書執筆時点でも、書店に足を運べば米国株関連の本が経済コーナーに沢山積まれている。このような光景は過去の日本ではあまり目にしないものだった。当然、全てではないにしても、そうした投資は円売りに寄与するものだろう。２０２２年６月６日付の日本経済新聞は「個人マネー、海

図表28　日米欧、家計部門の金融資産構成（2021年3月末）

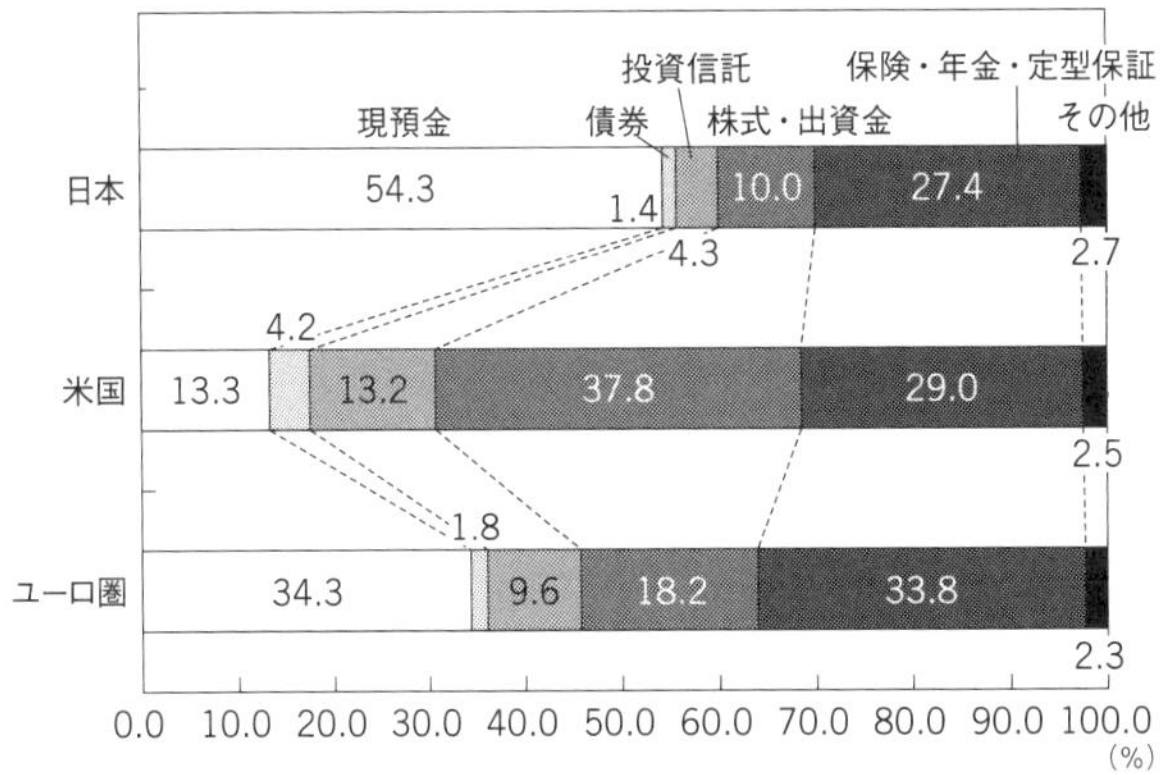

（出所）日銀、FRB、ECB

外株に年8兆円　日本から『逃避』の気配」と題した記事を報じているが、日本から海外へ投資が流れていることに関する記事は近年、にわかに増えている。[6] そうした新聞記事の視線は、世のムードをある程度反映したものだと考えられる。

円売りは急に走り出す可能性

国際比較を踏まえても、日本の金融資産構成は修正される余地がある。図表28に示すように、40％弱が株式に寄せられている米国は極端としても、日本と同様、間接金融が力を持つユーロ圏でも20％弱が株式に割り当てられている。そのユーロ圏の半分程度の日本は、やはり保守的と言わざるを得ず、現預金が50％を超えている姿も世界的には異例である。[7]

既に言及したように、2020年1月からの約1年半で、円の価値は対ドルで20％以上も下落した。当然だが、ドルで保有していれば、それが単なる外貨預金であったとしても、為替差損分はカバーできたことになる。得られる金利も円よりは高い（もちろん、外貨預金の為替差損益は雑所得なので、そこから所得税も勘案するなど、細かな修正は必要である）。パンデミック局面に限って言えば、大半の日本人が安全資産の代表格と考えているであろう「円の普通・定期預金」は、資産防衛の観点から賢明な選択肢だったとは言い難い。

もちろん、普通の日本人は、海外資産との比較で自国通貨建て保有資産の価値を判断したりはしない。だが、実生活に目を向ければ巷説で取り上げられることの多い「安い日本」の傾向が強まる以上、自身の保有資産から消費・投資する金額は徐々に増加傾向を辿ることが予想される。第2章で紹介した日銀の「展望レポート」でも言及されていたように、輸入ペネトレーション（＝国内総供給に占める輸入の割合）が高まっているということは、円安（や資源高）が進むほど日本人の支払いは増えやすくなる。

実際、2022年の日本では資源高と円安が重なった結果、日常生活で接することの多い財、例えば食用油や小麦粉（製粉）を使用する加工食品の値上げが目立ったほか、包装資材や容器、物流費の高騰を背景に酒類・飲料などの値上げも多く行われた。そのほとんどは資源高に起因するが、円安もこうした状況を悪化させる相場現象であることに疑いの余地はない。結局、分散投資せずに抱えていた円建て資産は物価上昇を通じ、少しずつ家計部門の財布から召し上げられるという結末が待っている。日本が資源の純輸入国であり、国際経済に組み込まれている以上、このような経路（いわゆる交易損失の拡大）は避けようがない。将来的にその度合いがさらに強まった時に、多くの国民が一斉に「円の普通・定期預金」は特に安全ではなかったことに気づく可能性はある。

本書執筆時点で、そうした家計部門からの資本逃避（いわゆるキャピタルフライト）とも言える動きが起きているわけではない。だが、その兆候らしき動きが出始めているのも事実であり、少なくとも警鐘を鳴らす時期には差し掛かっているようにも思える。これまで議論してきた通り、円相場の構造変化を感じさせる客観的な諸条件も揃い始めている。

日本では一度定められた方向に皆が走り出すとその「空気」感が社会を支配し、展開が非常に早く進む傾向にある。資金循環統計における家計部門の現預金（外貨預金除く）が10％動くだけでも１００兆円規模の円売りになる。それは本書執筆時点の経常黒字（※）に換算すれば５～６年分に相当する（※２０１７～２０２１年の５年平均で18兆円程度）。銀行の窓口で高い手数料を払って外貨を買わなければいけない過去とは異なり、現代における海外投資は全く難しいことではない。スマホひとつで好きな時に好きな額（の投資）ができてしまう。それは前述のネット証券社長が述べた「消費感覚」という表現が的を射ている。保守的な思想を持つ高齢世代が今の現役世代と入れ替わり始めた時、家計部門の投資意欲は今とは異なるものになるはずだ。

何事も一定の「空気」が醸成されてからでなければ動けない日本だが、今後「円で保有していること自体が損であり、リスク」という「空気」が新聞・テレビ・雑誌などのメディアを通じて社会に充満し始めた時、家計部門の円売り主導で円相場は一段と値を下げる懸念はある。それはウクライナ侵攻直後のロシアで、かつては欧州債務危機時にギリシャなどで、急に起きたことでもある。真の円安リスクは、そうした動きに絡んだものだと考えられる。

さらに将来の話をすれば、家計部門による円売りが視認され始めた場合、おそらく「外貨購入の制限（いわゆる資本規制）」が世の中で話題になるはずだ。これを受けて合理的な家計部門がどう動くかは想像に難くない。満員の映画館で誰かが「火事だ」と騒げば、間違いなくパニックになる。観客が出口に殺到して混乱が極まるだろう。資本規制は国内の家計部門における運用動向に似たようなパニックを促す効果がある。円売りに殺到すれば為替市場は混乱に陥る。過去のように円安を経済復活のカギとして望むならばそうなっても問題ないが、本書執筆時点でそのような雰囲気はもはや感じられない。

「資産所得倍増プラン」の危うさ

こうした家計金融資産の運用動向に関し、2022年5月、日本の政治から若干危うい情報発信があった。5月5日、岸田首相は訪英に際して、ロンドンの金融街（シティ）で講演し、自身が掲げる経済政策「新しい資本主義」の具体策として日本の個人金融資産約2000兆円に関し、貯蓄から投資への動きを促す「資産所得倍増プラン」に着手する旨を表明した。この際、「岸田に投資を（Invest in Kishida）」と謳ったことは大々的に報じられている。

岸田首相は、日本の個人金融資産の半分以上が現預金で保有された結果、「この10年間で米国では家計金融資産が3倍、英国は2・3倍になったのに、我が国では1・4倍にしかなっていない」と述べ、この状況を指して「日本の大きなポテンシャル（潜在能力）」と表現した。日本の投資原資の大きさをアピールしたのである。岸田政権に限らず「貯蓄から投資へ」のスローガンは日本で何度か繰り返されてきたものである。「繰り返されてきた」ということは、その都度、企図した成果は挙げられていないということでもある。これは図表26や図表28でも見た通りだ。

また、BOX①で論じたように、岸田首相に関して言えば、就任早々から金融所得課税の導入を打ち上げ株式市場から強い洗礼を浴びた経緯などがあり、投資を呼びかけたシティにおける講演は意外なものではあった。イメージに反し、金融市場にとって好意的な政策も胸中にあるのかと感じた市場参加者も多かったと察する。金融所得課税に限らず、岸田政権は自社株買いの制限、四半期開示の廃止、株主還元ではなく賃上げの要請など、どちらかと言えば株式市場と対峙する姿勢が市場から反感を買ってきた印象が強かった。これらの方針を堅持したまま「Invest in Kishida」を主張することの真意は直感的に理解が難しかった。

本書執筆時点で「資産所得倍増プラン」に関する情報はまだ漠然としているが、2022年5月31日、「新しい資本主義」の実行計画案が政府より発表されており、自民党の経済成長戦略本部の提言として「1億総株主」として成長の果実を享受できるようにするという政府の意図が報じられている。

日本で「貯蓄から投資へ」を焚きつける怖さ

しかし、ここまで読んで頂いた読者はもうお気づきかもしれないが、そもそも「運用されていない現預金」を投資原資と見なして「ポテンシャル」と表現することが、今の日本にとって危うい思想である。改めて２つの論点からその危うさを確認しておきたい。ひとつが前述してきた為替（円相場）への影響であり、これは想像が容易いものであろう。もうひとつが国債（円金利）への影響であり、これも国民生活への大きな影響が懸念される。

まず、為替については既に論じてきた通りである。「貯蓄から投資へ」が奏功した結果、政府・与党が望まないほどの円安が実現する可能性はある。この岸田首相によるシティでの講演は、円安収束に目途が立たず、そのデメリットが懸念される状況で行われた。だからこそ、「家計部門の円売り」が勢いづくというのが最大のリスクのひとつだと指摘されていた。岸田首相の述べるように、個人金融資産の50％以上が円建ての現預金であり、その額は既に見たように２０２２年３月末時点で約１０８０兆円（外貨預金除く）、比率にして約54％である。一方、株式・出資金は約２０４兆円で比率にして10・２％にとどまる。「現預金が半分で株式投資は10％程度」という構図は日本の家計金融資産構成の問題点として頻繁に取り上げられてきたものであり、その数字自体、一度は見聞きした読者も多いかもしれない。この現預金に滞留する貯蓄を投資原資として、もっと期待収益の高いリスク資産に振り向けさせたいという為政者の気持ちは分からなくはない。

しかし、繰り返し論じているように、その振り向ける先が円建て資産であるという保証は全くない。これは前傾図表27の投資信託を通じた株式売買状況を見れば容易に想像がつく話だろう。ここまで繰り返し論じてきたように、保守的な世論を念頭に新型コロナウイルス対策で貫徹された「経済より命」路線や原発再稼働をタブー視する雰囲気の結果、日本はパンデミック後の2年間（2020～2021年）で「成長を諦めた国」のポジションにすっかり定着した。これも前掲図表25で見た通りである。

そうした日本の地力の弱さが日本株や円に対する売りを招いているという論調は、もはや珍しいものではなくなっている。おそらく今後到来する別の危機に対しても、保守的な（そしておそらくは高齢者層を最優先した）政策運営が展開される可能性が高いと言わざるを得ない。そのたびに円安に備えたいという家計部門の動きが増えても不思議ではない。

岸田首相がシティで講演した直後の2022年5月7日、米テスラ最高経営責任者（CEO）のイーロン・マスク氏はツイッターへの投稿で「当たり前のことをいうようかもしれないが、出生率が死亡率を上回るような変化がない限り、日本はいずれ存在しなくなる」と日本の「消滅」を予言したことが話題になった。同氏の指摘する「年長者が多いと、社会に閉塞感を生む。なぜなら彼らの大半が考え方を変えないというのが真実だからだ」という構造問題は、日本社会の抱える〝闇〟そのものだろう。日本の政治・経済に対して同様の見方をしている向きは少なくないはずである。岸田政権発足後、海外投資家が日本株を敬遠し続けた背景には、そのような見方もあるのかもしれない（前掲図表16）。世界経済には多くの収益期待を見込める投資機会がある。そうしたなか、自ら成長を放棄している国の株式を選ぶ理由は、確かにない。

話を本題に戻すが、こうした状況で日本の家計部門が「貯蓄から投資へ」と背中を押された場合、果たして日本経済の将来に賭けて円建て資産を選ぶだろうか。為政者は自問自答する必要があるように思う。現預金以外への投資意欲を焚きつけること自体、決して悪いことだとは思わない。しかし、そうして呼び起こされた投資の行き先が円建て資産ではなく外貨建て資産に向かうとすれば、それは円安の起爆剤にもなり得る。円安のデメリットを指摘する声が大きくなる状況下、本当に政府・与党はそれを問題視しないのか。仮にそうした展開をリスクと考える思いがあるならば、「貯蓄から投資へ」を進めるにしても、その行き先として国内が選ばれやすいような制度設計も必要になるように思える。

現預金を「眠っている」と表現する危うさ

為替のほか、「資産所得倍増プラン」にまつわるもうひとつの不安点は国債、具体的には円金利への影響である。「貯蓄から投資へ」が進むことによって日本経済が直面する大きな課題のひとつに、国債の安定消化構造が崩れる可能性をどう評価すべきなのかという話がある。日本の歴史上、繰り返されてきた「貯蓄から投資へ」のスローガンの裏には、「貯蓄過剰で投資が乏しいことが日本経済の長期低迷の原因」という思惑が見え隠れする。これは現預金を「死に金」と呼んだり、その保有形態を指して「眠っている」と表現したりする風潮によく表れる。

だが、このような考え方は因果を取り違えている。家計や企業は合理的な経済主体だ。「日本経済が低迷」しているからこそ、自国通貨建ての現預金という最もリスク量が小さそうな運用形態が選ばれてきたという実情を理解したい。変動相場制移行後の円相場の歴史は円高の歴史でもあるため、「円建て現預金」は外貨に対して概ね「勝ってきた」という見方もできる。しかし、仮に外貨や株であってもそれが有望な投資機会と判断されれば、政府に背中を押されなくとも家計は積極的にそれを選ぶだろう。近年の米国株投資ブームが象徴的である。また企業も同様であり、既に見たように、直接投資を通じ海外に打って出る姿勢は2011〜2012年頃を境に強まっている。貯蓄過剰は日本人の保守的な気質という面もあろうが、それをもって日本人が合理的な判断が全くできないという話にはならない。

現在の日本経済で「貯蓄から投資へ」を進めることの危うさを理解するためには、日本経済の貯蓄・投資（ＩＳ）バランスの構造を理解することが必要である。この点、順を追って解説しよう。

まず、日本経済に期待される成長率の低迷を受けて、家計（や企業）は現預金という運用形態で資産防衛を図ってきた。その現預金は銀行部門に貯蓄される。そのまま銀行部門に滞留して誰も使わなければ文字通り「死に金」だが、現実は異なる。そうした民間部門（家計や企業）の貯蓄は銀行部門に置かれ、それを政府部門が借りた上で消費・投資に充てられてきた。そうすることで日本経済の資金循環構造が成り立ってきたのである。厳密にはそれでも国内全体で貯蓄過剰になるので、その分、海外部門を貯蓄不足（＝経常黒字）にさせることで日本経済全体の貯蓄・投資が均衡してきた。

こうした「民間部門（家計と企業）の貯蓄過剰」は日本経済低迷の象徴として定着してき

図表29　日本の貯蓄・投資（IS）バランス

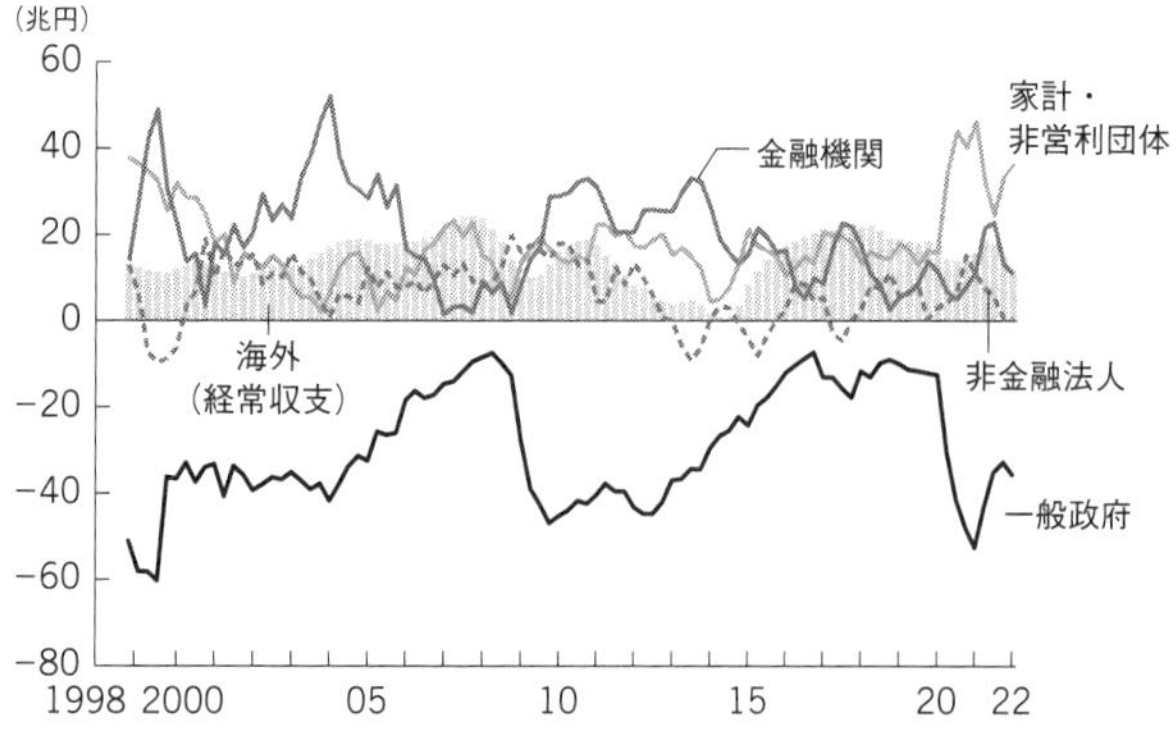

（出所）Macrobond、4四半期平均を使用

た（図表29）。なお、程度の差はあるが、リーマンショックや欧州債務危機後のユーロ圏でも似たようなことが起きており、それゆえに「欧州の日本化」というフレーズが金融市場で多用されるようになった。

日本人が貯蓄しないなら誰が国債を買うのか？

しばしば目にする「民間銀行の役割は貸出なのに国債運用ばかりしている」という批判は、こうした資金循環統計の実情を正しく理解していないことに起因している。銀行部門の本質的な役割は貸出ではなく「経済における資金過不足を均すこと」である。より噛み砕いて言えば『資金が余っている主体』から『資金が不足している主体』へと融通すること」だ。

バブル崩壊後、日本の銀行部門において貸出が盛り上がらず国債投資が増えたのは、投資機会を失って「資金が余っている主体」になった家計や企業から、その穴埋めとしての財政出動を強いられ「資金が不足している主体」になった政府へ、銀行部門を介して資金が融通されていたという構図で理解すべきである。国全体の景気低迷に合わせ、銀行部門の役割である「資金過不足の調整」が機能したと言える。

まとめると、これまでの日本で「貯蓄から投資へ」が進まなかったのは「そうせざるを得ない経済状況があったから」という事実が出発点になる。資金循環統計は銀行部門を要とする一国経済の地力を反映した資金動向の結果であって、その結果を力業で変えようとしているのが「資産所得倍増プラン」（などに代表される投資行為を促す国策）という位置づけになる。

国債消化の論点に話を戻すと、仮に国策が奏功して「貯蓄から投資へ」が盛り上がった場合、政府は大きな問題に直面することになる。それは、どうやって国債を消化するのかという問題である。「眠っている」と表現される現預金は、銀行部門に置かれた後、民間銀行もしくは日本銀行の国債購入に充てられている。そうした現預金が「眠り」から覚め、株式などのリスク資産に振り向けられた場合、代わりに国債を買う経済主体を見つけてくる必要がある。海外部門に購入してもらうのだろうか。国内の民間銀行や日本銀行は低利でも国債を購入するが、海外の投資家はそうはいかない。当然、これまでよりも高い金利を要求されるようになる。

良し悪しは別として「民間銀行・政府・日本銀行」が三位一体となっている日本国債の消化構造は鉄壁であり、これを人為的に揺るがす政策には相応の覚悟が必要になる。仮に「資産所得倍増プラン」という国策でこの消化構造を崩しにかかり、国債価格下落（円金利上昇）という副作用に直面した場合、どのように受け止めるつもりか。例えば国債利回りの上昇は住宅ローン金利の上昇に直結するが、それは政治的に難しい問題にならないのだろうか。

「貯蓄から投資へ」のスローガンは一見前向きな話に見えるが、為替にしても、金利にしても、家計部門の抱える莫大な金融資産が貯蓄（保守的な運用）に回されているからこそ、日本経済の秩序が保たれている部分もあることは忘れていけない。長らく円高と低金利が当然視されてきた日本において、これが逆回転する怖さは実感が難しいのかもしれないが、「貯蓄から投資へ」を推進する前にリスクマネジメントを慎重に行うことは推奨したい。

BOX ③

「リフレ政策の終わり」を印象づけた黒田総裁発言

炎上した黒田発言の意味

本書は金融政策の是非を議論するものではない。なぜか日本では金融政策の方向性に関して一家言持ちたがる人々が専門家以外にも多く、詳しく議論しようとすると賛否入り混じる激論に発展しやすい。本書はそうした喧騒から距離を置きたいと思っている。だが、客観的に見ても2013年4月以降、アベノミクスの名の下で継続されてきたリフレ政策が大きな曲がり角を迎えていると思わせる騒動があった。この意味するところに関し照会を頂くことが多かったので、本書の場を借りて筆者なりの基本認識を示しておきたい。

黒田総裁は2022年6月6日、東京都内で講演し、商品やサービスの値上げが相次いでいることに言及した上で「日本の家計の値上げ許容度も高まってきている」と述べ、これを持続的な物価上昇を実現する上で「重要な変化」と形容した。この一連の発言について同日の産経新聞が「日銀総裁『家計が値上げを受け入れている』」と報じ、メディアを通じて大変な批判を浴びるという騒動があった。ワイドショーで日銀が取り上げられるのは極めて稀有な事例であり、過去には1998年の日銀営業局汚職事件、2006年の福井俊彦元日銀総裁による村上ファンド出資問題など不祥事絡みの類例があった。

しかし、上述の発言は、不祥事どころか事務方から用意された予定稿通りの発言だった。この意味で黒田総裁による「失言」というのは正確ではなく、純粋に描写が政治的配慮を欠いた（ラフに言えば民意との齟齬があった）事案と言える。世論は黒田総裁への個人攻撃も厭わない異様な雰囲気にまで発展した。そこまで憎悪が膨らむことについて、筆者は率直に意外感を覚えた。

事務方が用意したという事実からも分かるように、この黒田総裁による発言は従前の政策姿勢と矛盾するものではなかった。2013年以降、アベノミクスの名の下でリフレ政策が目指したのは拡張的な財政・金融政策により日本の民間部門（とりわけ家計部門）の粘着的なデフレマインドを払拭し、インフレ期待を底上げしようという未来だった。それは物価上昇（ラフに言えば値上げ）が普通に起きる社会を目指すということでもあった。物価上昇を起点に賃金上昇も促され、景気も回復する。物価上昇が「原因」で景気回復が「結果」というリフレ思想は明らかに倒錯していると思われ、筆者も含め少なくない論者が疑義を呈した。しかし、民意を受けた政治がその政策思想を熱狂的に支持し、積極的に推進したのが上記騒動から9年前（2013年）だった。

2022年は世界的にインフレ懸念が高まる最中であり、世界的に中央銀行は引き締め路線に転じていた。それでも日銀は金融緩和路線を歩み続け、円安に配慮することなく指値オペ（国債の無制限購入）で長期金利を押さえ続けた。こうした黒田体制の政策運営は、是非は別にして、2013年から終始一貫しており、前述の総裁発言も、その延長線上で理解すれば何ら不思議なものではなかった。

おそらく「日本の家計の値上げ許容度も高まってきている」との発言は、インフレ期待の底上げが実現しつつあるという趣旨を含んでいたと思われるが、「値上げを受け入れている」とのヘッドラインに変換されたことも相まって世論の大きな反発を招き、新聞・テレビ・雑誌を筆頭に多くのメディアがこの発言を批判的に取り上げた。正直、言葉尻を捉え過ぎであり、建設的ではないようにも思われた。

しかし、この騒動は「如何に日本という国において物価上昇が受け入れられないか」という一端を見せつけたように思える。2013年の導入当初こそ民主党政権からのレジームチェンジが持てはやされ、熱狂的に受け入れられたリフレ政策だが、それが半ば実現した暁には世論のバッシングが待っていたというのは皮肉な一幕だった。この2022年の騒動をもって、2013年以降から続いてきたリフレ政策が実質的に幕を閉じたようにも感じられた。

「受け入れている」ではなく「諦めている」

一連の発言に関し、黒田総裁は翌6月7日の参議院財政金融委員会で「家計が自主的に値上げを受け入れているという趣旨ではない。誤解を招いた表現となり申し訳ない」と実質的に発言を撤回している。確かに、発言の趣旨は従前通りでもその表現に不味さはあった。

問題となった発言は渡辺努・東京大学教授が2022年4月に実施した「なじみの店でなじみの商品の値段が10％上がったときにどうするか」というアンケート調査において「値上げを受け入れ、その店でそのまま買う」という回答が半数を超えたという事実に依拠していたという。だが、これは「受け入れている」のではなく「諦めている」という方が実態に近そうに思える。当時の消費者物価指数（CPI）が示すように、「なじみの店」「なじみの商品」という限定をしなくとも社会全体で一般物価が上昇していた

図表30　日本の消費者物価指数（%、前年比、総合）

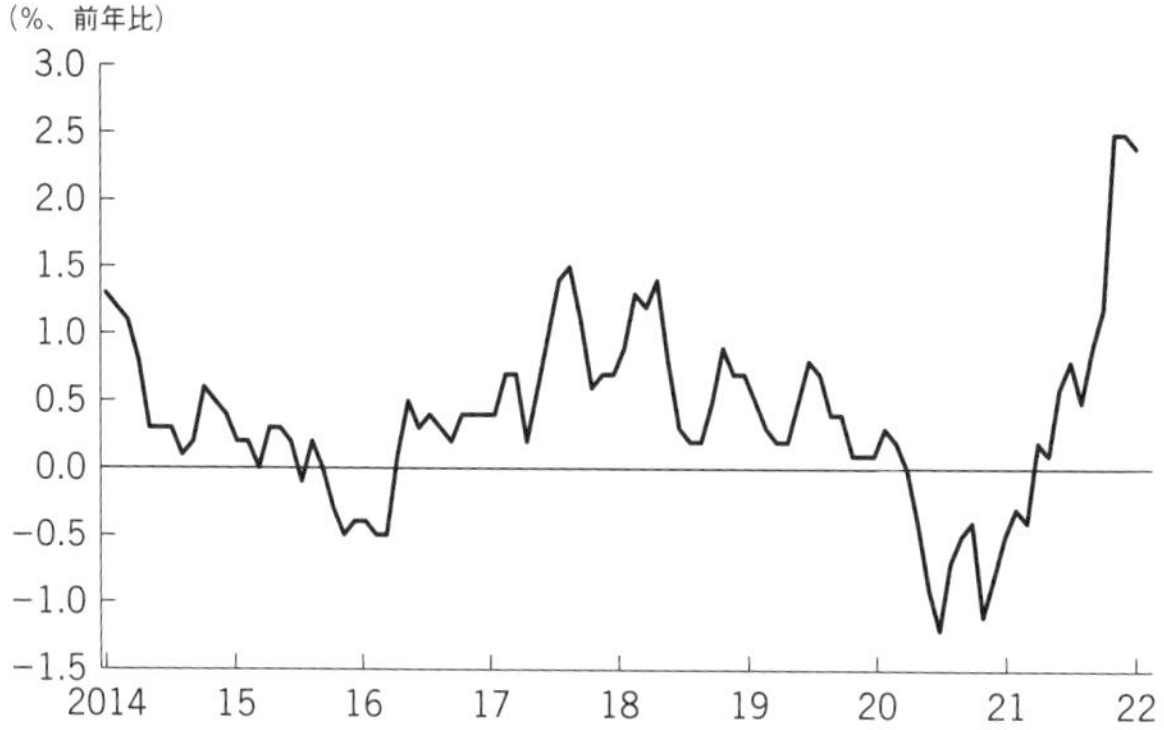

（出所）Bloomberg

（図表30、※図は2022年5月時点まで）。こうした状況下でも家計は生きるために消費・投資はしなければならない。むしろ、「値上げを受け入れずに消費・投資しない」という選択肢は塞がれているというのが世の実情と言えた。この辺りの実情に対し配慮を欠いた発言ではあったかもしれない。

　例えば、発言に際し、上述のようなアンケート調査以外にも日銀自身が四半期に一度公表している「生活意識に関するアンケート調査」が本来参考にされてもよかった。発言時点では同調査の2022年4月調査分が発表されており、1年前と比較した現在の暮らし向きに関し「ゆとりが出て

図表31 「暮らし向き」は?

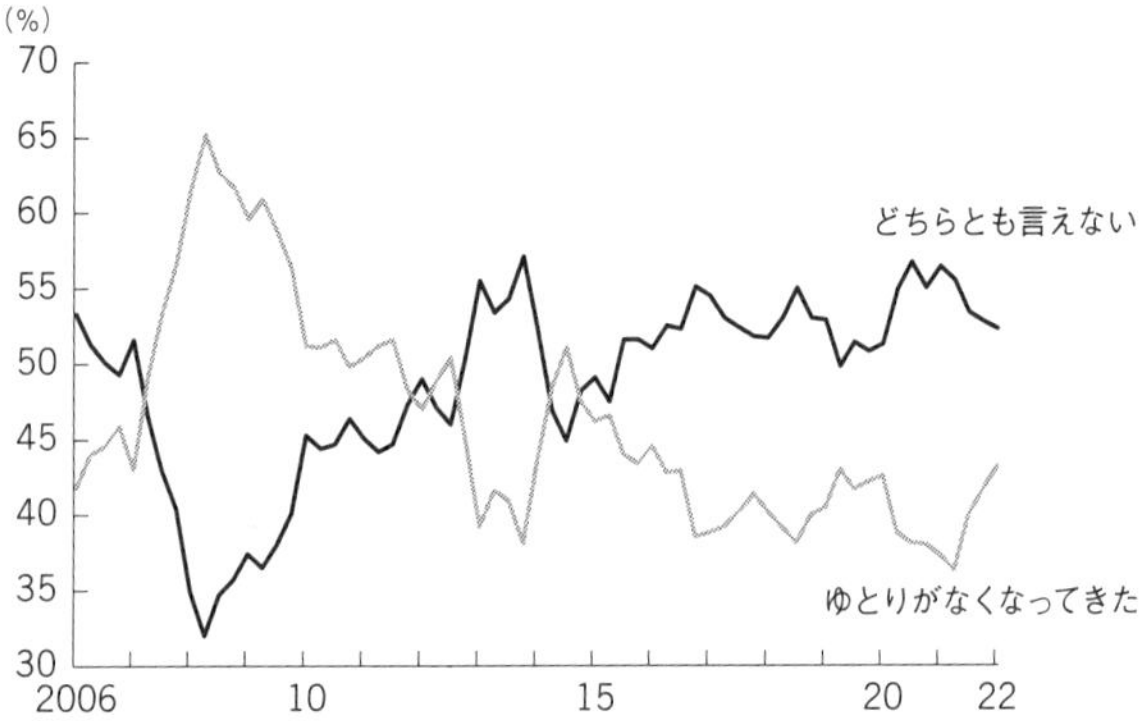

(出所) 日本銀行「生活意識に関するアンケート調査」(最近は「2022年6月調査」)

きた」との回答が減少し「ゆとりがなくなってきた」との回答が増加したことで「暮らし向きDI」がはっきり悪化していた。また、発言後に出てきた6月調査を見ても、「ゆとりがなくなってきた」と回答した割合はさらに増えていた(図表31)。

さらに、この「ゆとりがなくなってきた」と回答した層を対象に理由を尋ねた結果を見ると「物価が上がったから」が78・9%と大勢を占め、2位の「給与や事業などの収入が減ったから」の49・7%を突き放している。その上で1年前と比較して物価が「上がった」と回答した人の82・9%が「どちらかと言えば困ったことだ」と回答している。

これらを総括すれば、日本国民の大多数は物価上昇を実感しつつ、それにより貧しさを覚えるようになり、その状況を好ましく思っていないということになる。黒田総裁の真意は別のところにあったにせよ、こうした世相に対して「国民は値上げを受け入れている」というヘッドラインで切り抜かれれば、炎上は必然の帰結と言える。常日頃、日銀総裁の講演原稿には隙がないことを思い返せば、若干詰めの甘さはあったようにも思えた。

総じて家計・企業といった民間部門の実質的な所得環境が如何に悪化しているのかということへの問題意識が低かったという見方もできる。この点はＢＯＸ②で扱った実質ＧＤＩの議論を思い返せば良く分かる。海外への所得流出（交易損失）が大きくなったことで実質ＧＤＰと比べて実質ＧＤＩが停滞しているのは、当然、物価上昇に伴う実質所得環境の悪化を示している。２０２２年に入ってから取り沙汰されることが多くなった「悪い円安」論も結局、家計部門のコスト負担を端的に述べた議論であり、「円安の良し悪し」というよりも「実質所得の良し悪し」が本質的な問題の所在と言える。その意味で円安は輸入物価上昇を通じて交易損失を拡大する方向に作用するので「悪い」という判を押されやすくなる。

もちろん、円安によって大企業・輸出製造業を中心として企業利潤も増えるため「良い」という面も小さくはない。しかし、経済主体の「数」で言えばおそらく「良い」よりも「悪い」の方が多いからこそ、「円安」や「値上げ」の話に悲観的な空気が日本社会で充満しやすいのであろう。一連の黒田発言はこの「空気」を読み違えたとも言える。

この騒動を介して「日本社会における物価上昇に対する嫌悪感」と「日銀の金融政策」という2つの論点が確実に接近した。これは鳴り物入りでリフレ政策が支持された社会からの変容であることは、ある程度間違いないだろう。もちろん、だからと言って金融政策を引き締めろという話にはならない。しかし、「円安は万能の処方箋」であるかのように語られる社会的通念が大きく変わったのであれば、日本の金融政策議論はわずかながら前進したようにも思われた。

目標未達だったからこそ支持されていたリフレ政策

ちなみに、騒動を引き起こした発言から約1週間後の2022年6月13日、黒田総裁は参議院決算委員会において急激な円安進行は経済に「望ましくない」と語っている。「水準はともかく急な変動は問題」という指摘は一般論であり、目新しいものではない。

だが、「急激な円安進行は経済に望ましくない」という為替市場にまつわる一般論は、同じく激しい円安相場だった２０１３年、アベノミクスの名の下で黒田総裁が華々しくデビューした頃の日銀からは指摘されなかった。なぜか。当時はＣＰＩに代表される一般物価が大して上がっていなかったので円安の悪い面（交易損失の拡大）に実感を抱く国民が少なかったからだろう。実際、統計を見れば交易損失は当時も拡大していたのだが、２０２２年ほど顕著な資源高はなく、また財・サービスの供給制約もなかったので値上げの波は２０２２年よりは穏やかであった。世界経済が上向くなか、企業業績も好調で株も高かった。金融緩和で低金利が演出されるなか、「円安・株高だが物価は上がらず」という状況が続けば、市井の人々が反対する理由はない。

結局、リフレ政策で目指した物価上昇目標が９年間未達だったからこそリフレ政策への支持率が安定していたという皮肉な実情が浮かび上がる。しかし、２０２２年（正確には２０２１年秋）以降で直面した「資源高と円安の同時進行」に対しては、資源の純輸入国である日本として許容できないという当然の事実を国民は実感することになった。資源高でリフレ政策の過ちに気づけたとも言える。その実感を駄目押ししたのが、上記の黒田発言という位置づけだろう。

悲惨指数を感じなかった日本

前述のとおり、黒田発言を巡る一連の騒動は日本が物価上昇に極めて強いアレルギーを持つ国であることを示したと言える。実際、日本ほど物価上昇に「慣れ」のない国は珍しい。

実体経済を語る上で悲惨指数（Misery Index）という計数がある。「インフレ率（ここではCPI上昇率を使う）」と「失業率」を足した数値で、これが高いほど国民の困窮度が高く、経済的な苦痛が大きいと判断する。1970年代前半以降、約半世紀にわたる日本の悲惨指数の推移を見ると、1980年代後半以降、ほとんど振れがないことが分かる（図表32）。日本型雇用を背景とする失業率の低位安定はもとより、1990年代後半からはCPIが上がらなくなり、悲惨指数は極端な抑制傾向が続いた。ここまで動かないものを意識することはおそらくない。この点、日本は悲惨指数の存在すら感じる必要のない安定を享受してきたと言える。

もちろん、日本の場合、CPIと同時に賃金も上がらず、その時代が「失われた」と形容されてきたので、悲惨指数に含まれない「悲惨さ」はあった。だが図表32を見れば、同じ時代の米国の悲惨指数を見るとかなり変動があることも分かる。これはこれで

図表32　日本と米国の悲惨指数※

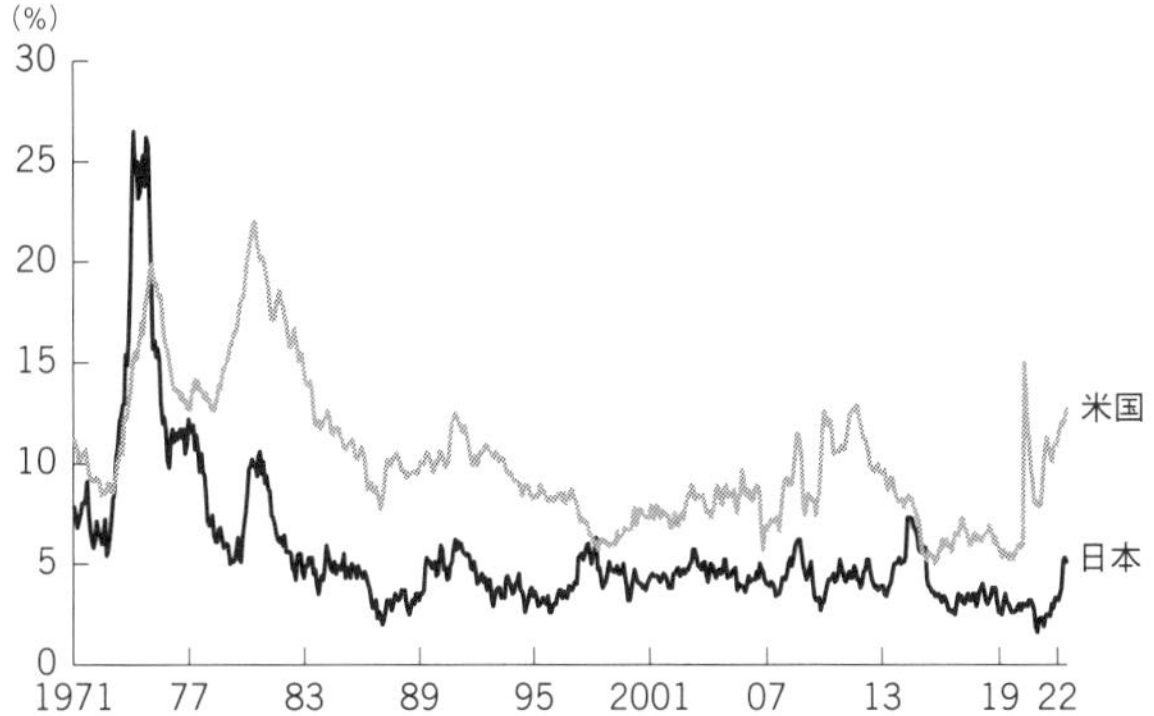

（出所）Macrobond、※CPI（総合）と失業率の合計

困窮する人々が相当数生み出される経済である。どちらが良いとも言えないが、2022年以降で見たように物価急騰時の「心の準備」という点で、日本は米国に比べて耐性がなさそうという想像はつく。黒田総裁の「値上げを受け入れている」発言の炎上も、日本の物価上昇に対する「慣れ」が極度に低いことを示す好例だった。

もっとも2013年以降の約9年間、日銀はリフレ政策の要諦として「適合的な期待形成（Adaptive Expectation）」を通じて日本の物価上昇が実現するという点を強調してきた。「適合的な期待形成」とは文字通り「値上げを受け入れる」様子を表現する言葉だ。「期待に働きかける」との掛け声の下、日銀が9年間説明し続けてきた論点だったが、上述の総裁発言騒動を踏まえる限り、結局、市井の人々にその真意は届いていなかったのだろう。

曖昧だったデフレの定義

筆者は常々、日本では「デフレが悪い」と言われながら「デフレの定義」が曖昧だったと感じている。CPIの上昇は悲惨指数を押し上げるが、日本では「CPIが上がらなくなったこと」をデフレと総括し、その払拭を目指したのがアベノミクスであった。だが、よく考えれば「デフレの定義」は経済主体によって変容する。確かに、政府・日銀が対峙する現象としてデフレは「上がらない物価」であり、その象徴としてCPIの動向は分かりやすかった。

しかし、日本企業にとってデフレとは「上がらない物価」というよりも、長らく「慢性的な円高」であったし、家計にとってはおそらく「上がらない実質賃金」の方が関心事だった。海外にとっては「上がらない日本株」だったのではないかと推測する。経済主体ごとに抱えている問題意識も変わる以上、景気低迷の全てを「CPIが上がらなくなったこと」に帰責させようとする思想は、やはり乱暴だった。何となく経済・金融情勢が悪そうなことを「デフレ」と総称して大規模な金融緩和に着手し、実際に円安や株高が進んだので家計部門も反対する余地はなかったが、「CPIが上がる(悲惨指数も上がる)」ことの意味を理解して、それを心底支持していた国民は少なかったのだと思う。多くの国民はCPIではなく賃金に関心がある。CPIが上がっても名目賃金が上がらなければ、肝心の実質賃金は上がってくれない。

既に述べたように、黒田総裁発言を巡る騒動は「物価が原因で、景気が結果」という倒錯したリフレ思想の終着点のように思う。だが一方、この状況を捉えて「リフレ思想が誤っていた」という指摘もさることながら、「日本人には向いてなかった」という指摘もあり得る。筆者はリフレ思想に賛同する立場ではないが、物価上昇を先に引き起こし「適合的な期待形成」を図るという狙いは、日本のデフレマインドの粘着性を考えると、少なからず正当化される部分もあったように思う。だが、値上げの度に企業がそれを公表し消費者に詫びる社会で「適合的な期待形成」を推し進めるのは、やはり難しかったのだろう。それが、9年間かけて分かった客観的事実と言えるのかもしれない。

BOX ④ アベノミクスに思うこと――悲報を超えて

リフレ政策にまつわる議論

本書執筆が終わろうかという2022年7月8日、安倍晋三元首相が参議院議員選挙の遊説中に銃殺されるという日本史に残る凶悪事件が起きてしまった。2012年12月に発足した第2次安倍政権と金融市場の距離感は歴代政権と比較しても特別なものがあり、BOX③で議論した日銀の金融政策も、基本的には第2次安倍政権の政策思想を反映したものであった。

憲政史上最長の政権を築いた第2次安倍政権は様々な分野で足跡を残しているが、特に金融市場とはゆかりのない市井の人々であっても同氏の標榜する経済政策「アベノミクス」は耳にしたことがあるのではないかと思う。その後、「スガノミクス」「キシダノミクス」など類似表現が取りざたされたが定着しなかったことからも、その存在感の特異さを感じる。また、日銀の黒田体制がアベノミクスの産物であることは周知の事実であり、仮に本書執筆時点以降で途中辞任がなければ、黒田総裁は史上初めて2期（10年）満了を果たす日銀総裁となる。

物価上昇を至上とするリフレ思想に賛否はあり、既に述べたように２０２２年時点では実質的に終わっていた印象が色濃い。しかし、第2次安倍政権が内政や外交にとどまらず経済・金融分野で大きな足跡を残したことも確かではある。悲報を受けて、アベノミクスの総括を依頼されることは多く、また、アベノミクス自体が円安相場に象徴される経済政策でもあったため、本書でも急遽、簡単ながら論考を付けさせて頂くことにした。

先に結論を言えば、安倍元首相の訃報とリフレ政策の清算を混同してはならない。繰り返しになるが、市場参加者のみならず、おそらく一般国民もそう感じていたように、２０２２年春先以降、日本の世論は円安・物価高に不満を募らせていた。２０２２年７月８日の訃報以前から「リフレ政策は実質的にもう終わっていた」というのが正しい時系列になる。これはＢＯＸ③でも論じた通りだ。

繰り返し述べているように、物価上昇を「原因」、景気回復を「結果」とするリフレ政策は、実際に物価上昇が実現していなかった状況だからこそ支持されていた。２０２２年に入り、物価上昇が可視化され始めた日本では、その動きを「国民による値上げ容認」と表現した日銀総裁の発言が大炎上し、また、物価上昇が政府に対する不満として浮上している。訃報以前からリフレ政策は形骸化しつつあり、その総括も概ね終わっていたと考えられる。

また、事件を受け岸田政権がアベノミクスとの訣別を謳い難くなったという観測も散見された。その気持ちは分からなくはないが、政治は物価高と共に募る国民の不満を放置できない。円安と資源高が国民生活を直撃するなか、岸田政権でなくとも時の政治は何らかの手を打たねばならなくなる。少なくとも黒田総裁の後を継ぐ次期日銀総裁がリフレ政策と距離を置く人物になることについて、本書執筆時点の金融市場の思いはほぼ一致している。

いずれにせよ、日本の経済政策の未来がもともと「リフレ思想の次」を展望する流れにあったことは間違いなく、2022年7月の悲報とリフレ思想の行く末に関し因果関係を持たせて議論するべきではない。

アベノミクスの実績

もちろん、だからと言ってアベノミクスと総称されたリフレ政策に全く意味がなかったとは思わない。民主党政権下で進んだ超円高・株安の地合いは、アベノミクスの掛け声で一変した。それがなくとも２０１２〜２０１３年という時代は欧州債務危機が終息し、ＦＲＢが正常化プロセスに入る時期に重なっており、何より前掲図表7でも示したように、日本がちょうど貿易黒字を稼げなくなった時期とも一致していた。これらの環境を踏まえれば、おそらく超円高は自然と修正された可能性が高い。

しかし、民主党から自民党への政権交代を契機に、安倍首相の下、リフレ政策を大いに誇示したことが爆発的な円安・株高に繋がった面は否めず、それにより落ち目と見られていた日本経済が海外から関心を集めることができたのは事実である。筆者の業務においても、２０１３〜２０１５年は海外向けの説明機会が非常に多かったし、実際、多くの国に足を運んだ。それだけ日本の金融市場に変化の胎動を覚える向きが世界で多かったのである。

しかしその後、そうした経験はない。悲報を受け世界中の首脳からメッセージが届いたことが報じられた。その背景には、アベノミクスを鮮烈に記憶し、前向きに評価する諸外国が多かったという事実もありそうである（もちろん、外交姿勢に対する評価もあったのだとは思われる）。少なくとも２０１２〜２０１５年の日本経済は、金融市場において注目される国のひとつであったことは間違いなく、その間、相対的な地位低下は食い止められていた印象はある。

それでもアベノミクスの「3本の矢（金融政策・財政政策・構造改革）」において本質的に最も重要と思われた労働市場改革までは及ばず、また、それゆえに名目賃金上昇という永年の課題もクリアされなかった。2016年以降、金融緩和に象徴されるアベノミクスは失速過程に入った。同年9月、長期金利の固定を企図したイールドカーブコントロール（YCC）導入を契機に、日銀は表舞台から姿を消した。貸出（≒マネーサプライ）が増えない日本において「ベースマネーを増やせば物価が上がる」という貨幣数量説に依拠した考え方は理論的にも実現が難しいと言われていたが、実際にそうだった。結果論だが、CPIがプラス圏で定着し始めた2015年時点でアベノミクスを総括していたら、その後の評価はさらに前向きなものになっていた可能性がある。

インバウンド需要の掘り起こしという実績

片や、様々な議論が飛び交う金融政策分野とは異なり、インバウンド促進に伴う実績は手放しで評価される論点と言えた。第2次安倍政権下で日本の旅行収支黒字が急拡大した事実は第3章でも言及した通りである。

振り返れば、2012年12月の第2次安倍政権の発足後、1週間足らずでビザ発給要件の緩和措置が検討され、中国やASEAN（東南アジア諸国連合）諸国からの観光客に対するビザ発給要件が徐々に緩和された。これによりアジアで勃興しつつあった中産階級の消費・投資先としての日本がアピールされ、潜在的な需要が掘り起こされた。世界中の国が国境を開きつつある2022年に入っても、新型コロナウイルスの水際対策と称して外国人の門前払いが続けられている本書執筆時点の日本の現状に照らせば、隔世の感を覚える。

アベノミクス下での円安は、輸出数量を増やさず、貿易黒字も稼げず、国内の賃金情勢にも大きな影響を与えられなかったが、インバウンド需要を掘り起こす一助になったことは間違いない。そのスピード感は前向きな評価が与えられてしかるべきだろう。第3章でも議論したように、「安い日本」が喧伝されるようになった今、もうそれを武器として活かす道としてインバウンド促進による旅行収支黒字の積み上げは軽視すべきではない。まだ経常黒字が潤沢にあった（しかし貿易黒字は消滅していた）時代において、いち早く旅行収支の黒字化に先鞭をつけたという意味で、アベノミクスの功績は大きい。

近年、地盤沈下が指摘されやすい日本経済だが、賛否はあれども、やり方次第では世界に存在感をアピールすることが可能であることをアベノミクスは示したと言える。まだ活躍が期待されたであろうことを思うと、日本の政治・経済にとって大変巨大な存在を失ってしまったというほかない。悲報を受け岸田首相は「安倍氏の思いを受け止め、引き継ぎながら日本について引き続きしっかりと責任を果たしたい」と述べた。その言葉に期待しつつ、本件については筆を擱きたいと思う。

第 5 章

日本銀行の財務健全性は円安と関係があるのか？

円安と「日銀の財務健全性」の関係性

2021年以降、筆者は円安傾向に関して「日本売りの色合いを帯びている」と断続的に述べてきたが、この際に「インフレに伴う国債の暴落」ひいては「日銀の財務健全性」への懸念が円売りの背景としてあるのかと聞かれることも多かった。結論から言えば、筆者はそこまで大きな話をしてきたつもりはない。世界がパンデミックを克服する一方で、日本がいつまでも過剰な防疫政策に執心した結果が「他国対比で突出して低い成長率」、「緩和を止められない日銀」ひいては「円相場の下落」に表れているという事実を指摘したまでであり、日本におけるハイパーインフレや国債市場の崩壊などといった大仰な話は飛躍し過ぎである。

そもそも「中央銀行の財務健全性」と「通貨の信認」を直接的に結び付ける議論は、単純なものではない。ほかの章の中で議論することも考えたが、照会の多い論点でもあり、円をテーマにした書籍でもあるため、敢えて章を別建てにして議論することにした。

リーマンショック後、各国中央銀行では有事対応が常態化した。そのため中央銀行のバランスシート（以下中銀B／S）は規模・構成の両面から危うい運営を強いられてきた。日銀

図表33 日米欧中銀の総資産比較

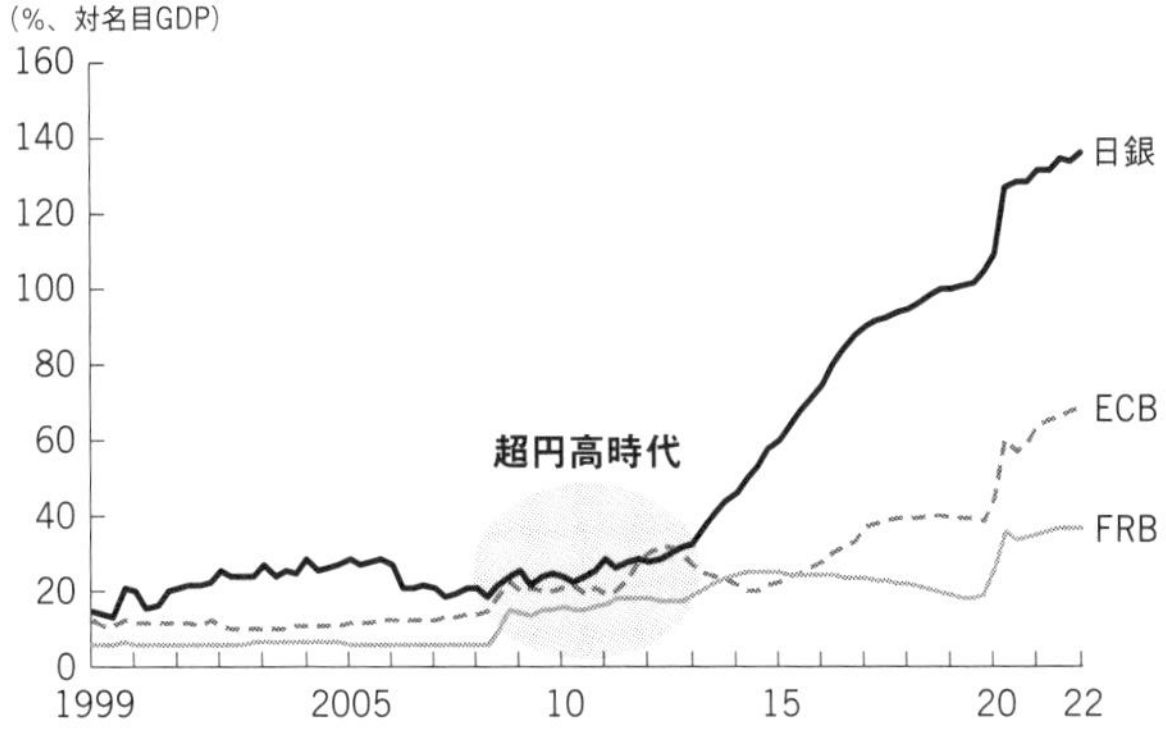

（出所）Macrobond

における ETF（上場投資信託）購入は世界的にも特殊だが、欧州中央銀行（ECB）における南欧国債の購入も欧州債務危機時（特に2011〜2012年）に相当問題視された。しかし、その都度、「中央銀行の財務健全性」をテーマに通貨が売買されていたかと言えば、そうではない。日米欧三極の中銀B／Sの名目GDP比を比較してみると、2007〜2012年は団子状態にあった。敢えて言えば、日銀の水準が最も大きかったが、当時の為替市場で円全面高（対ドルでは70円台）が進行していたことは周知の通りである。「中央銀行の財務健全性」が「通貨の信認」にとって決定的な論点ならば、こうはならない（図表33）。

確かに、黒田体制下の量的・質的金融緩和を受けて日銀の推移は突出しており、同時期（2013〜2015年）は強烈な円安も進んでいた。しかし、その時代において「中央銀行の財務健全性」や「通貨の信認」がテーマになっていたわけではなかった。基本的に「大規模緩和をする日銀VS正常化プロセスに勤しむFRB」という金融政策格差の方が取りざたされていたと記憶する。むしろ、前例のない政策運営に勤しむ黒田体制、またはそれに象徴されるアベノミクスに対して礼賛の声が大きかったはずだ。必然的に「中央銀行の財務健全性」について批判的視点をもって円安を解説することも主流ではなかった。「中央銀行の財務健全性」が「通貨の信認」に直結するほどの材料ならば、当時から懸念する声がなければおかしい。それほど日銀B／Sの膨張ペースは著しいものだった。

スイスやドイツの事例

「中央銀行の財務健全性」と「通貨の信認」が必ずしもリンクしないことを示唆する例は諸外国にもある。

例えば自国通貨高抑止を目的として、無限の自国通貨売り（スイスフラン売り）・外貨買い為替介入を続け、大量の外貨建て資産（外貨準備）をバランスシートの資産側に抱え込んだスイス国立銀行（ＳＮＢ）の例を思い返したい。２００９年以降に勃発した欧州債務危機を背景に、当時、円やスイスフランが安全資産として騰勢を強めていた。スイスフランに関して言えば、地理的にユーロ圏からの逃避マネーが流入しやすいという事情もあった。対応に苦慮したＳＮＢは２０１１年９月、スイスフランの対ユーロ相場に上限（１ユーロ＝１・20スイスフラン）を設定し、無限のスイスフラン売り・外貨買い為替介入でこの水準を防衛する方針を決定した。２０１４年12月には、ユーロ圏金利との格差拡大を企図しマイナス金利も導入している（ちなみにＥＣＢは同年６月にマイナス金利を導入していた）。

だが、それでもスイスフラン高の流れには抗し切れず、２０１５年１月、ＳＮＢは無制限介入によるスイスフランの対ユーロ相場の上限防衛を放棄することを突如決定し、スイスフランは急騰した。その急変動は、欧州系金融機関のシステミックリスクに至る可能性まで囁かれるほど激烈なものだった。

当然、それまでに抱え込んだ大量の外貨（≒ユーロ）建て資産は、スイスフラン高によって巨額の為替差損を計上することになる。具体的には資産側に計上されていた外貨準備がスイスフラン建てで目減りするため、会計上は債務超過という状態に陥る。これらの事象をラフに総括すると、「『通貨の信認』が強過ぎて債務超過が発生し、『中央銀行の財務健全性』

が揺らいだ」という話になる。なお、ユーロ導入前のドイツ連邦銀行（ブンデスバンク）もドイツマルク高によって外貨準備が減少し、債務超過に陥った過去がある。

これらの例は「通貨の信認」が強過ぎて債務超過に陥った事例であり、「中央銀行の財務健全性→通貨の信認」ではなく「通貨の信認→中央銀行の財務健全性」という因果関係が成立していたことになる。日銀の財務健全性を訝しがる向きは大量の国債保有とその評価額低下を理由に債務超過を懸念し、それが「通貨の信認」の低下（即ち円安）に直結すると懸念する向きが多い。しかし、こうしたスイスやドイツの例を見る限り、中央銀行が多額の国債を購入したからといってそれが「バランスシートの健全性」を損ねるとは限らないし、損ねたからといって「通貨の信認」が毀損するという話に直結するとも限らない。

債務超過が深刻視される例もある

一方、中銀B／Sの債務超過が深刻視される例もある。

植田和男・東京大学名誉教授は日銀審議委員時代の2003年、「自己資本と中央銀行」と題した講演[8]で、「中央銀行にとって健全なバランスシートを保つことは、一般論としては、その責務を全うするための必要条件でも十分条件でもないが、必要条件に近いような状況もしばしば存在した」と論じている。同教授はベネズエラ、アルゼンチン、ジャマイカといった中南米の国々の中央銀行も、過去に債務超過に陥り、そのタイミングで高率のインフレに悩まされていたという事実を指摘している。

例えばベネズエラ中央銀行は１９８０年代から１９９０年代にかけ、政府の拡張的な財政政策などを背景に加速したインフレ高進を止めるため、金融引き締めに転じた。その際、流動性吸収のために同行が発行した高金利の手形が中央銀行収益を圧迫し、引き締めを断念するということがあった。このケースは、中央銀行の財務状態を優先しインフレが放置された構図になる。

スイスやドイツは自国通貨高で、中南米は政府の誤った経済政策に付き合わされる格好で、債務超過に陥っている。通貨高を通貨安にすることは（理論上は）容易なのでスイスやドイツの債務超過が一時的なものとして問題視されなかったことは理解できる。片や、中南米諸国の例に見るように、政府の誤った経済政策が不変ならば、高インフレは放置されるので、これに対応する過程で中央銀行が債務超過に陥ることもある。その場合、事実としては高インフレと中央銀行の債務超過が併存しやすくなる。

だが、あくまで「中央銀行の財務健全性」は当該国が最適と判断した財政・金融政策の結果であり、債務超過の事実自体に（企業にとっての債務超過のような）決定的な意味があるわけではない。同時に、債務超過が為替を含めた資産価格変動の原因になる筋合いもない。「健全に越したことはない」程度の話と言える。

将来的にテーマ視される可能性はある

もっとも、「中央銀行の財務健全性」が円安のドライバーになるとは思わないものの、為替市場の直情的で移り気な性格を思えば、それを理由として「通貨の信認」がテーマ視される場面が絶対にないとは言い切れない。為替はフェアバリューがない世界だ。その時々のテーマが流れを作るという側面は確かにあるため、スイスやドイツの例だけを取り上げて「円も大丈夫」と断言することは難しい。万が一、「中央銀行の財務健全性」がテーマ視される相場になれば、前掲図表33を見る限り、最もターゲットになりやすいのは確かに円なのかもしれない。腐ってもG7の一角であり、世界の外貨準備の5％以上を占める円は、相応に取引量も多く、テーマ化すれば大きな相場に発展する可能性はある。

右に紹介した講演で植田教授は、「問題はこうした債務超過に陥った中央銀行の政策がそれ（＝債務超過）によって歪められたかどうかである」と述べているが、換言すれば、「金融市場が中央銀行の金融政策を信用できる状況かどうか」が要諦という話である。中央銀行が債務超過に陥っても物価安定に資する政策を運営していると市場が認めていれば「通貨の信認」が揺らぐことはない。例えば、黒田体制で始まった金融緩和も景気回復と共に物価が２％を突破し、それを引き締める過程で債務超過に陥る可能性はある。だが、それは「人事の前の小事」だろう。

逆に債務超過を回避できたとしても、高インフレの下で「通貨の信認」を蔑ろにする金融政策運営というケースもあり得る。例えば、トルコ中央銀行のように、大統領の独自理論[9]に基づいて「金融緩和でインフレを抑制する」という奇異な政策運営を強いられれば、債務超過でなくとも通貨は暴落するし、インフレも急伸するだろう。２０２２年上半期の日本の状況に目を移せば、「円安のデメリットが心配されながらも日銀が緩和路線を貫く」という構図が、金融市場、いや日本社会全体でクローズアップされた。その状況を指してトルコの景色との類似性を指摘する声もあった。

だが、繰り返しになるが、本書執筆時点で日銀の財務健全性が「通貨の信認」毀損という大きな話に繋がっていると筆者は考えていない。あくまで２０２２年上半期における円安の背景としては貿易赤字と内外金利差が拡大方向にあり、それに対する処方箋も政府・日銀から講じられる気配がないというファンダメンタルズを指摘するのが王道だと考える。

財政要因のインフレに日銀は無力

往々にして「インフレに伴う国債の暴落」や「中央銀行の財務健全性」を円安と結び付ける主張は、日本の政府債務残高の増大傾向を引き合いに出すことが多い。巨額の政府債務への懸念から円安や高インフレが発生する場合、確かに景気改善を伴わない「悪いインフレ」に直面し、日銀も望まぬ引き締めに追い込まれ、その過程で国債価格の急落や準備預金に対する付利引き上げで（民間銀行への）利息支払いが急増、結果として債務超過に至る可能性は否めない。

しかし、仮にそうなったとしても、もとを正せば野放図な財政政策の結果であって、金融政策を執行する日銀が解決できる問題ではないはずである。仮にその段階に至って求められる抜本的解決策は政府の財政再建以外にあり得ず、そのほかの処方箋は全て補完的なものにとどまる。軟着陸のために日銀が国債購入をいくらか継続するだろうが、そういった金融政策姿勢も不信を助長することから、派手な政策介入もできないと推測する。

結局、「中央銀行の財務健全性」は財政・金融政策の結果として数字上付いて回るものであって、それ自身が何かの震源地として取り沙汰されるほど本質的なものとは言えない。断続的に話題になる日銀の自己資本比率も同様であり、その水準に着目しても本質的な話には発展しづらい。

「中央銀行の財務健全性」は単なる結果

現代の管理通貨制度における「通貨の信認」は、文字通り「信用して認められた」結果が金融市場における為替、株、債券などの資産価格に表れる。「中央銀行の財務健全性」が重要ではないとは言わない。だが、実体経済が上手く回っている限りにおいて、誰も気にしないし、報道もされない。実際のところ、最新の日銀の自己資本比率や決算状況を知る人は市場参加者でも稀だろうし、日常生活で買い物する際に日銀の財務健全性を気にかけたことがある人もいないだろう。中銀Ｂ／Ｓの有様は、金融政策が実体経済を支えた結果に過ぎない。

これまでも繰り返し論じてきた点だが、パンデミック下の日本で本当に懸念されるべきは自ら成長を放棄するような各種政策（過剰な防疫政策やタブー視される原発再稼働など）がほぼ無批判に採用され、実行されていることだったように思う。その結果、常態化した低成長や円安に日銀が対応した結果「債務超過のリスクに晒されている」という面は確かにあるかもしれない。しかし、そうだとすれば、原因は政府の政策、結果が「中央銀行の財務健全性」であり、日銀を争点に議論しても栓なきことである。因果を取り違えてはならない。

もっとも、為替市場で円売りをテーマにしたい短期筋にとって取引動機は「それっぽいもの」であれば何でもよい。この点、しばしば批判の的になる日銀の財務健全性は利用しがいのあるテーマであることも事実だ。そのような展開に至ると極めて厄介であるため、時の政権には「中央銀行の財務健全性」という些末な問題にとらわれず、慢性的な低成長を打開する施策を期待したい。高齢者層の保守的な志向に合わせることが短期的な適切解として政治に好まれやすい日本では、成長重視路線は当たり前に見えて簡単なことではない。これはパンデミック下の日本で嫌と言うほど痛感した事実である。どうか為政者は、世論だけでなく金融市場からの警鐘を感じ取り、日本経済にとって相応しい政策を選択して欲しいと思う。

BOX ⑤

日本とドイツの違い——ユーロにあって円にないもの

日本とドイツ

本書執筆時点の日本はもはや貿易黒字大国ではなく、逆にその赤字拡大が問題視されるような局面に陥っている。一方、先進国において日本と並ぶ輸出大国と考えられていたドイツはどういった状況なのか。本書執筆時点でドイツは、各種の振る舞いに賛否はあれども近年では世界最大の経常・貿易黒字国の地位を確かなものにしており、それがユーロ相場の底割れを防いでいるとの見方は根強い。この点は、需給環境の変化を理由に通貨の信認毀損が懸念される円との大きな違いと言える。直感的に、日本ではドイツと経済構造の類似性を感じる向きが多そうだが、実情は大分異なる。ここでは日本とドイツ、ひいては円とユーロの違いを簡単に紹介してみたいと思う。

ちなみに本書執筆時点では、ドイツの2022年5月分の貿易収支が資源高の煽りを受けて約31年ぶりの赤字に転落するという動きが報じられている。だがこれは、ドイツの輸出を取り巻く構造が変わったというよりも、資源高の勢いを受けた輸入増が激しかったことによるものである。日本のように輸出拠点としてのパワーを失った結果、貿易黒字が失われたわけではないため、貿易赤字がドイツの新常態とは本書執筆時点ではまだ言い切れない。筆者は、現時点では一過性の色合いが強いと整理している。真実はウクライナ危機の帰趨も含めた歴史を振り返ることでしか分からない。本欄ではある程度答えが出ている部分に絞って議論を進めることにしたい。

日本経済の歴史を振り返れば、変動為替相場制に移行した1973年以降、基本的には「円高との戦い」だった。日本製品の高い競争力もあって貿易黒字を積み上げた結果、円相場は慢性的に上昇するようになった。その上、1990年代後半以降は「デフレ通貨は上昇する」という理論的に示唆される圧力も加わるようになった。こうした状況に対抗すべく日本では金融政策（時に通貨政策＝為替介入）で円高圧力を押さえ、輸出拠点としてのパワーを維持しようとする政策努力が続けられてきた。通貨安を念頭に金融政策を為替に割り当てる行為は本来、発展途上国に近い思考だが、それだけ輸出により経済大国にのし上がった成功体験が大きかったのだと思われる。

だが、第1章でも議論した通り、国際収支の発展段階説に倣えば経済発展の過程で貿易黒字を主軸とする成長段階は終わる運命にある。貿易黒字による慢性的な通貨高に加え、経済成長と共に国内の賃金・物価情勢が強含むことで、製造業の輸出競争力は次第に失われる。結果、「国内で生産して輸出する」というビジネスモデルの魅力は失われる。これは途上国から先進国に移行する過程で想定される普通の展開だ。

日本経済はその「普通の展開」を辿ってきたとも言え、特に２０１１年３月の東日本大震災を契機に日本企業の海外生産移管への意識は高まり、その流れが確固たるものになったと言える。この点も第１章で議論済みだが、実際、２０１１～２０１２年頃を境に、日本は貿易黒字を稼げなくなった。２０２２年以降の円安では「日本はもはや貿易黒字国ではない」という事実が殊更クローズアップされたが、その構造変化は10年前に始まっており、２０２２年以降の資源高によって一段と注目を浴びる事態に発展したという時間的順序で理解したい。

「永遠の割安通貨」を得たドイツ

片や、単一通貨であるユーロは、ドイツもイタリアもギリシャも含めてユーロであるため、その為替相場がドイツにとって相応しいほど強くなることは構造的にない。ドイツは「永遠の割安通貨」と共に高い競争力を維持し、貿易黒字を積み上げ続ける。厳密には通貨安だけではなくシュレーダー改革や東欧移民による労働コスト低下、恵まれた

図表34　貿易収支の日独比較

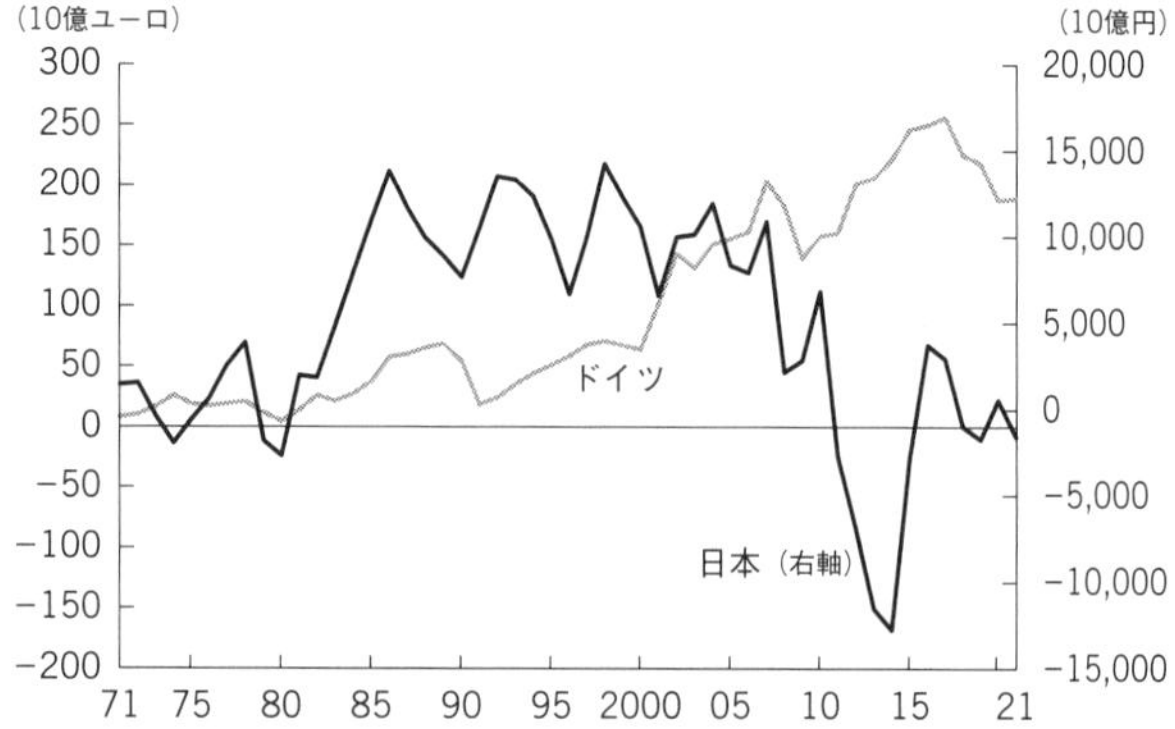

（出所）Macrobond、※98年以前の貿易収支ユーロ換算はドイツ連銀による試算

自由貿易環境なども大いに関係しているが、本書のテーマから逸れるのでここでは割愛させて頂きたい。いずれにせよドイツは日本が辿ったような（理論的に普通、予見される）運命を心配する必要がなく、またそんなドイツがいるからこそユーロの需給環境は盤石になってきたという事実がある。もちろん、その代わりにユーロ圏は政治的な内輪揉めが頻発し、それがユーロ相場を揺るがすことはあるのだが、需給という重要論点に関しユーロは安定した環境を享受してきた。

数字を見てみよう。例えば１９９０〜２０１９年の30年間で日本の貿易黒字はほぼ消滅したが、ドイツのそれは3〜4倍に

図表35 日本、ドイツ、中国の世界貿易に占めるシェア

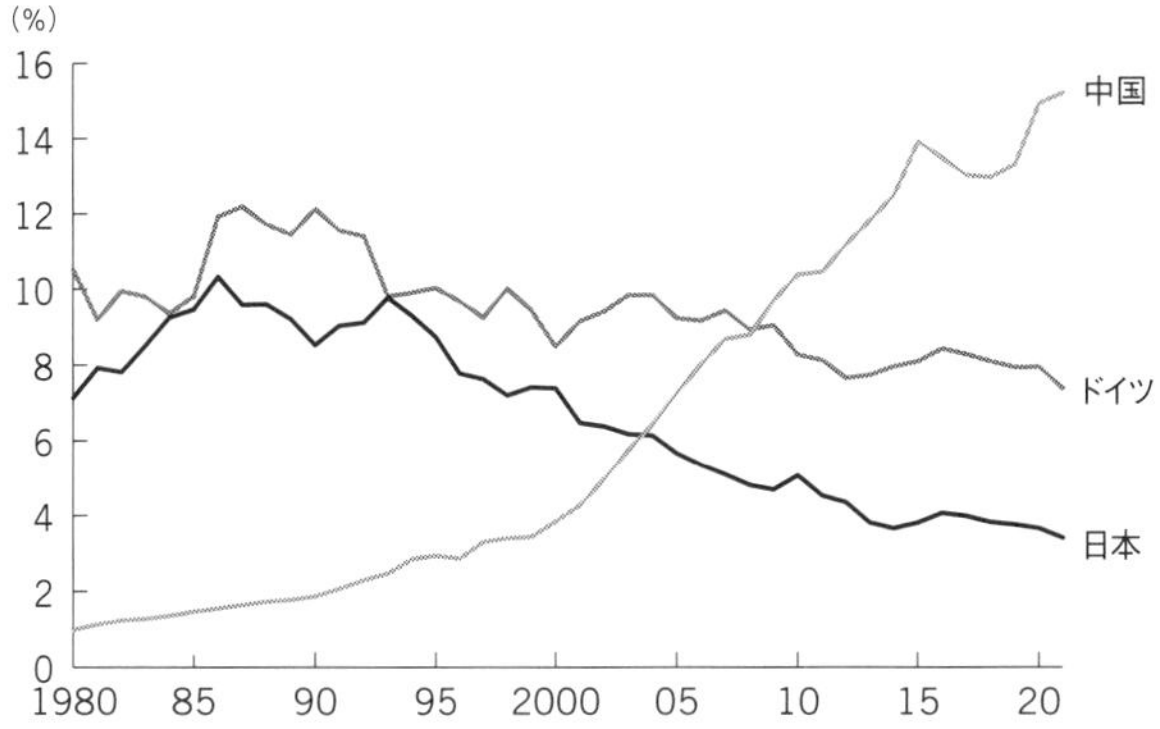

（出所）Macrobond

膨らんでおり、世界最大の貿易黒字国の座を確固たるものにした（図表34）。さらに世界貿易に占めるシェアなどを見ても、両国の立ち位置はかなり異なる。中国の台頭によって、ドイツも日本も世界に占める輸出のシェアは1980年代後半をピークに低下傾向を辿ってきた（図表35）。具体的に、ドイツは1980年代後半に12％前後だったものが、2021年時点で7・5％程度まで落ち込んでいる。ドイツほどの先進国であることを踏まえれば、30年かけて穏当な落ち込みにとどまっているという印象はある。

一方、日本は1980年代後半の10％前後から3・5％程度へ、約3分の1にまで

縮小している。2021年時点の輸出シェアを比較すれば、ドイツは日本の倍以上ある。「輸出大国としての格」というものがあるとすれば、ドイツの方が上と言って差し支えないのだろう。これは当然、貿易環境や通貨を共有する域内に向けた輸出という恵まれた側面が大きいものの、それだけとは言えない。欧州債務危機を契機としてドイツの貿易黒字は、対EUに限らず、対EU域外にも拡散している。要するに単一市場に依存することなく世界経済の需要を着実に捕捉してきたと言える。ドイツの輸出が構造的な要因を追い風としていることは間違いないものの、単純に「割安通貨を持っていてEUに属しているから」ということだけでは割り切れないことも知っておきたい。

こうしてドイツによって積み上げられた「減らない貿易黒字」は、「ユーロにあって円にないもの」の象徴であり、それは、互いの為替相場見通しを検討する上で極めて重要な影響を持ってくる論点と言える。

日本とドイツは似ているようで似ていない

先に述べたように、日本では漠然と「日本とドイツは似ている」という感情を抱く向きが多い。かつての同盟国（かつ敗戦国）で自動車を中心に製造業を得意とするという

図表36　ドイツと日本の違いはどこにあるのか?

ドイツの強み	日本への示唆	実現可否
① 単一経済圏	広範なFTA等の必要性	政治次第だがドイツと同条件になるのは困難
② 永遠の割安通貨	為替の安定	構造的に不可
③ 安価で良質な移民(人口減抑制)	移民受け入れ議論の必要性	政治次第だがドイツ並みは不可
④ 硬直的な労働市場改革	日本型雇用システム修正の必要性	政治次第
⑤ 輸出拠点としての魅力を維持	国内生産インセンティブ向上の必要性	政治次第だが②の追い風は日本にはない
⑥ 政府財政の健全性	財政健全化	政治次第

（出所）日本政策投資銀行『ドイツ経済の強みと課題から日本への示唆を探る』（2015年8月）から筆者が加筆修正

点に依拠した感情と推測する。また、単に「真面目そう」というイメージを持つ向きも多そうである。

しかし、欧州委員会に勤務した筆者の経験を思い返せば、日本経済とドイツ経済、日本政治とドイツ政治、あるいは日本人とドイツ人、そのいずれも似ているとは全く思えない。この点は拙著『アフター・メルケル「最強」の次にあるもの』（日経BP）で詳しく論じている。同書においいて筆者は経済の視点から日本とドイツを比較するにあたって、6つの点からその「違い」を整理しているが（図表36）、このBOX欄では簡単に図表中の②を中心とした議論だけをご紹介した。

だが、ドイツひいてはユーロ圏の巨大な貿易黒字を語る上では②以外の論点も複合的に議論しなくてはならないと筆者は考えている。「永遠の割安通貨」に加え、「巨大な自由貿易圏」「安価で高質な労働力」などの構造的な有利があったからこそ、ドイツの対外的な競争力は維持されてきたはずである。その上で同国の雇用制度や財政政策の在り方にも着目する価値がある。詳しい議論は同書で掘り下げているため、ご関心のある読者は是非ご一読頂ければと思う。

BOX⑥ 世界の外貨準備におけるドル、そして円

過去最低水準が続くドル比率

国際通貨基金（IMF）は四半期に一度、世界の外貨準備の構成通貨データ

（COFER：Currency Composition of Official Foreign Exchange Reserves）を公表している。為替市場を中長期的に展望するにあたって巨額の外貨準備を運用する海外の経済・金融当局（リザーブプレーヤー）の動向は重要な情報になるため、筆者は定期的に観測している。主にドルの存在感をテーマにした論考になるが、円にとっても無関係ではないため取り上げておきたい。

本書執筆時点でCOFERは2022年3月末時点までが公表されている。2021年以降のCOFERは世界の外貨準備におけるドル比率が史上最低値を断続的に更新していることがしばしば話題を集めている。

具体的に数字を見てみよう。2021年12月末時点のドル比率は58・86％と統計開始以来の最低を更新したが、2022年1～3月期は58・88％とわずかに上昇したものの、ほぼ変わっていない。なお、ドル比率は2020年12月末以降、6期連続で60％を割り込んでいる。こうしたドル比率の低空飛行は過去には見られないものであり、世界の外貨準備運用におけるドルの存在感は確実に落ちているように見える（図表37）。

図表37　世界の外貨準備における各通貨保有比率（2022年3月まで）

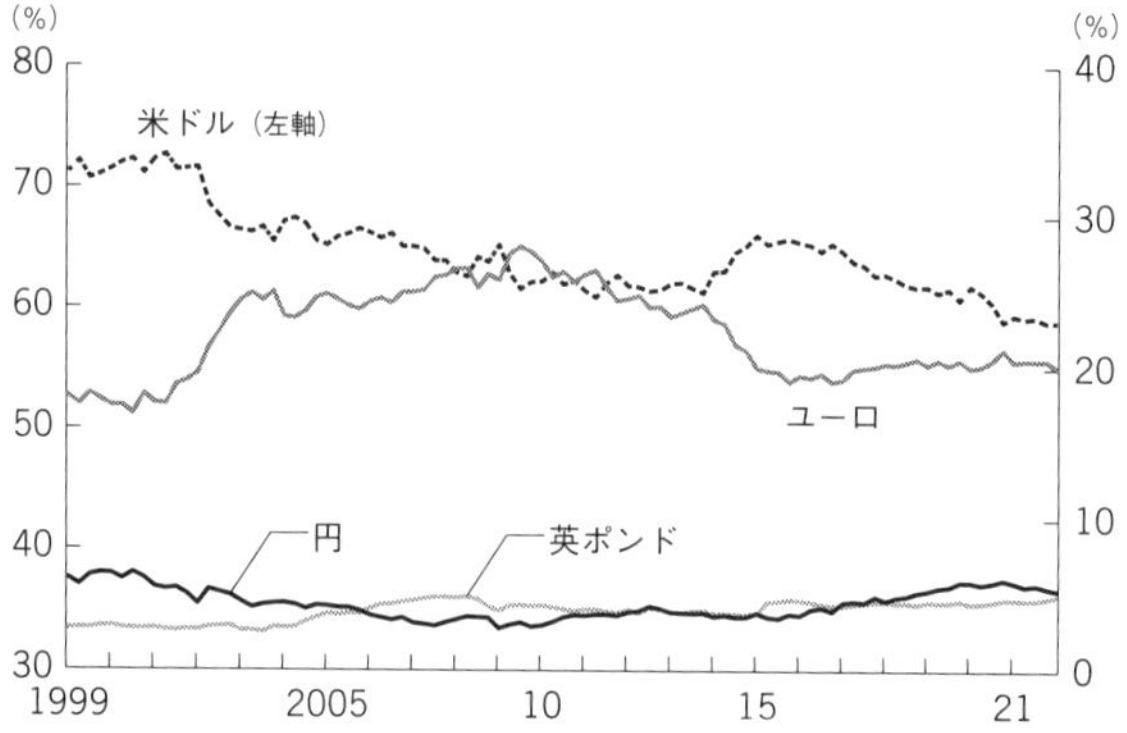

（出所）Datastream

非ドル化は長期トレンド

もちろん、1~2年の動きを追うだけで結論を急ぐのは危険である。

そこで過去20年余りの趨勢を見たものが図表38だ。1999年3月末と2022年3月末を比較すると、ドル比率は約71・2%から約58・9%へ約12・3%ポイント低下している。この間、ユーロ比率は約18・1%から約20・1%へ約2%ポイントしか増えておらず、ドルの受け皿にはなれていないことが分かる。受け皿になっているのは人民元を筆頭とするその他通貨であり、約1・7%から約10・5%へ約8・8%ポイントも増えている。過去四半世紀の外貨準備運用のトレンドとして「ドルを

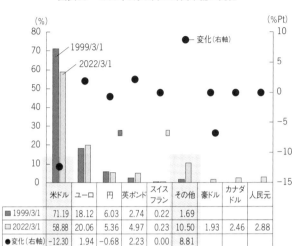

図表38　1999年3月以降の外貨準備の変化

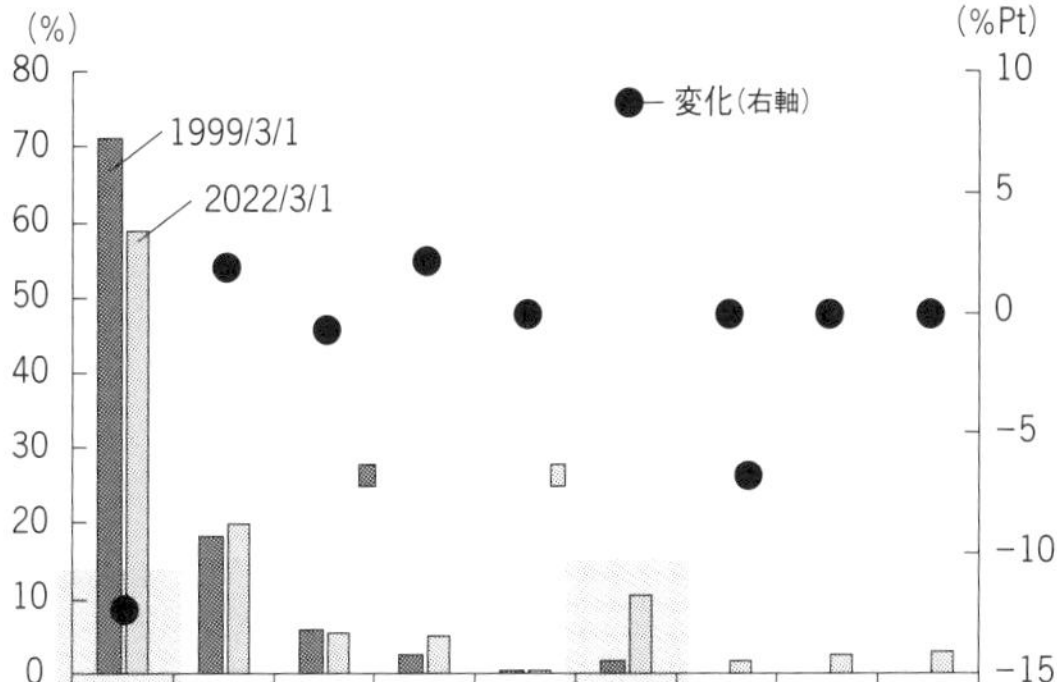

	米ドル	ユーロ	円	英ポンド	スイスフラン	その他	豪ドル	カナダドル	人民元
■1999/3/1	71.19	18.12	6.03	2.74	0.22	1.69			
□2022/3/1	58.88	20.06	5.36	4.97	0.23	10.50	1.93	2.46	2.88
●変化（右軸）	-12.30	1.94	−0.68	2.23	0.00	8.81			

（注）豪ドル・加ドル・元は99年3月時点で未公表。表中の「その他」はこれら3通貨を含む。
（出所）IMF、Datastream

手放して、新興・資源国通貨へ」という事実は鮮明である。

　こうした動きの背景は様々指摘されているが、近年では、①ドル覇権への対抗、②デジタル通貨の開発・発行、③欧州復興債（NGEU債）[10]の登場などが外貨準備運用の多様化を促す背景としてよく指摘される。とりわけ②は①と密接に関連する論点である。中国やユーロ圏、英国などが中央銀行デジタル通貨（CBDC）の開発・発行を進めようとする動きについては「ドル覇権への対抗」という文脈で解説されることが多い。

例えば、中国がデジタル人民元の開発・導入を急ぐ背景には、SWIFT遮断のような事態に備える意味があると言われていた。中国が主導する巨大経済圏構想である「一帯一路」の参加国にデジタル人民元の利用を促すという見方も浮上しており、それに伴う「デジタル人民元経済圏」の構築、その先にある人民元国際化までを見据えた姿勢も指摘されている。将来的にはデジタル人民元と、中国が運用する人民元決済システム「CIPS」を利用する経済主体への優遇措置なども検討されるかもしれない。

また、③のNGEU債もCOFERの今後にとって重要な論点である。パンデミックからの復興を目的とするNGEU債は時限的な措置であるものの、将来的にユーロ圏共同債として恒久化されるという期待もある。仮にそうなるのだとしたら、ドル比率の低下を促す話となるだろう。現状、「ユーロ建ての安全資産」と言えば実質的には最高格付けを得ているドイツ国債くらいしか存在せず、だからこそ世界の外貨準備運用の過半が米国債に依存せざるを得ないという事情もある。将来的に欧州委員会が発行する債券が恒久化されるならば、米国債に次ぐ安全資産の誕生として歴史的な目線から評価される筋合いがある。

今のところＮＧＥＵ債は２０２１～２０２７年のＥＵ中期予算が終了すれば消滅することになっている。しかし、これを叩き台として恒久的な後継スキームを検討すべきとの声もある。今後のユーロ相場だけではなく、ドル相場の趨勢にも影響を与える大きな論点だろう。

もちろん、こうした論点を踏まえた上でも、ドル一極集中とも言える国際通貨体制が一夜にして大きく変わることは考えにくい。しかし、ロシアに対するＳＷＩＦＴ遮断は「ドル抜きの未来」について限定的なシミュレーションを与えた格好にもなっており、後述するように、対米関係に不満を抱える国の外貨準備運用に影響を与え、具体的には非ドル化の機運を強める可能性も懸念される。いずれにせよ、現実問題としてＣＯＦＥＲにおけるドル比率が顕著に低下している以上、予備的動機に基づくドル需要が世界的に後退しているのは確かである。その意味を多面的に理解しようとする姿勢が今、求められているのは間違いない。

円比率低下は続くのか？

　こうしたなか、円の立ち位置をどう見るべきか。図表38で見たように、円の比率は同じ20年余りの間に約6・0％から約5・4％へ約0・7％ポイント低下している。この間にドル以外で比率を落としているのは円だけであり、非ドル化と共に円から他通貨へ振り向ける兆候も僅かながらある。とりわけ、パンデミックが始まった2020年以降（厳密には2020年3月末から2022年3月末の2年間）の比率に関し、円は0・53％ポイント（5・89％→5・36％）下げている一方、その他通貨は0・98％ポイント（2・25％→3・23％）と大きく上げている。その動きは対照的だ（図表39）。同じ期間にシェアを落としているのは円のほかにドル（61・85％→58・88％、▲2・97％ポイント）だけであることを思えば、その理由はやや気になる。

　ドルに関しては先に述べたような様々な理由があるにしても、円の比率はなぜ下がっているのか。やはり永遠の低金利通貨であることが嫌気され始めているのか。それとも第1章で議論したように、盤石だった需給環境の変化に危うさを覚えるリザーブプレーヤーが増え始めているのか。もちろん、COFER上の比率はドル建てで換算されるため2021年以降、「円安が顕著に進んでいる」という価格要因も大きく影響している

図表39　世界の外貨準備における各通貨保有比率（2022年3月まで）

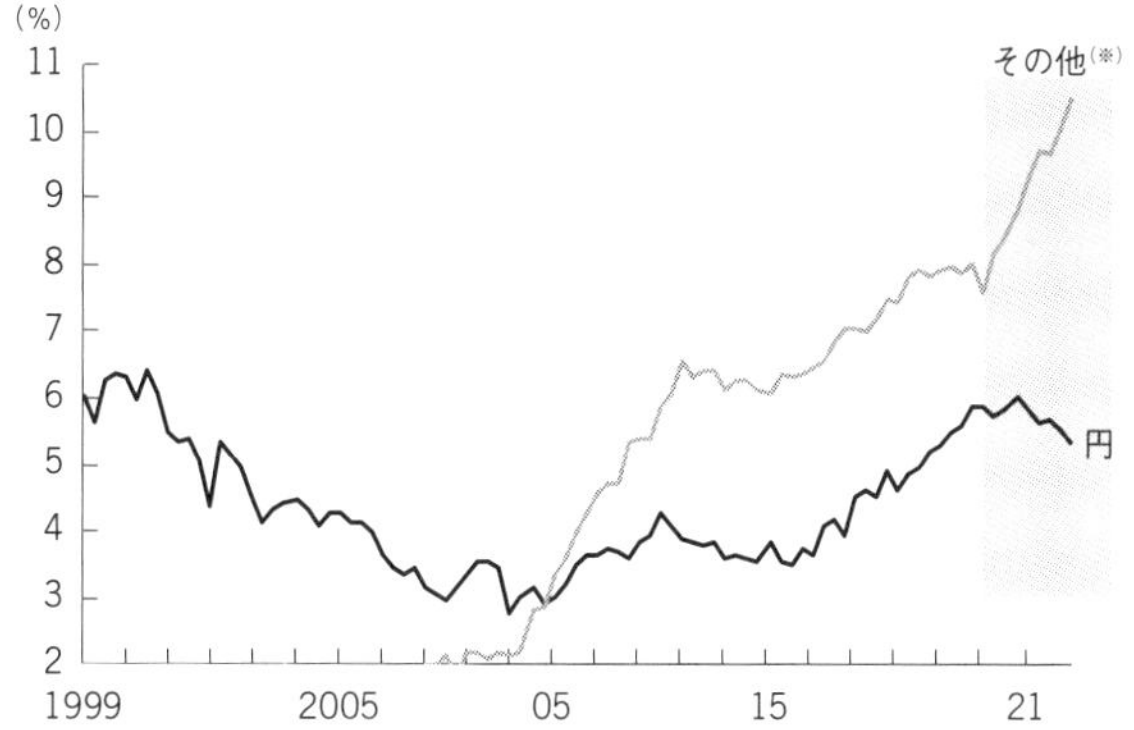

（注）COFERで発表される「その他」に人民元、豪ドル、カナダドルを加えた数字
（出所）Datastream、

可能性がある。だが、リザーブプレーヤーのポートフォリオ構成（各通貨に割り当てられた比率）が不変ならば、価格要因でターゲット比率から大きく乖離した分、適宜リバランス（円買い・その他通貨売り）が入ることが想定される。

この点、20年以上の時間軸で見て、非ドル化が進んでいるのはもはや間違いないが、2022年以降、顕著に進んだ20年以上ぶりの円安の結果、円比率が低いまま放置されるのか。それとも相応の水準に引き上げられるように買いが入るのか。その結論はまだ出すことが難しいが、その帰趨は「リザーブプレーヤーから見た円」の評価を映すため、筆者は大いに注目している。

ＣＯＦＥＲにおける円比率の絶対値は低いため、世界的に注目度が高いとは言えない。また、顕著な円安相場も２０２２年３月以降に見られ始めたばかりであるため、非ドル化と並ぶほどのトレンドになるのかどうかは本書執筆時点ではまだ判断がつかない。しかし、既に論じてきたように、経常収支や貿易収支といった円の需給構造に関わる本質的な部分が変化しているのは事実であるため、その事実をリザーブプレーヤーがどう評価し、運用に反映していくのかは、円の将来にとって非常に重要な話である。ＣＯＦＥＲにおいて円比率が本格的な低下トレンドに入れば相場への影響も軽視できないはずであり、長期ないし超長期的な円相場の見通しを検討する目線から、目の離せない統計と言える。

ウクライナ危機がＣＯＦＥＲに与える影響

なお、右で対米関係に不満を抱える国において非ドル化の機運が強まる可能性に言及したが、この点をもう少し補足しておきたい。世界で５指に入る外貨準備水準を誇るロシア中央銀行（ＣＢＲ）は２０１７年から２０２１年の約５年間でドル比率を約30％ポ

図表40　ロシアの外貨準備構成の変化

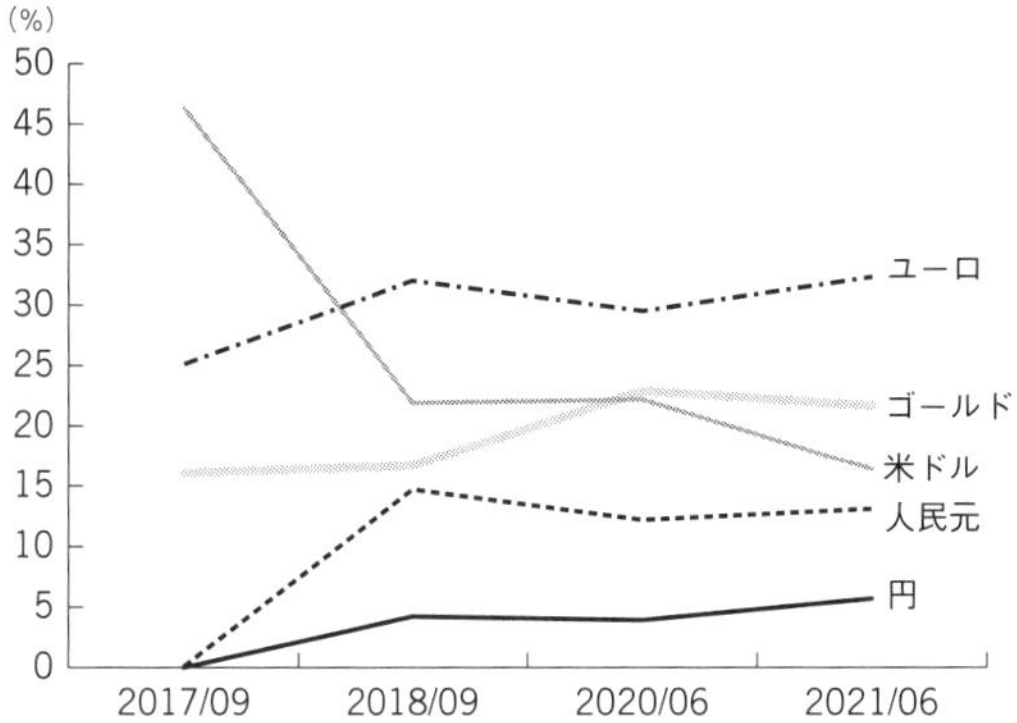

（出所）ロシア中央銀行（CBR）

イント引き下げ（46・3％→16・4％）、5年前はゼロ％だった人民元を0・1％から13・1％へ大幅に引き上げている（図表40）。外貨準備におけるポートフォリオの動きとしては合理的とは言い難い変化であり、そこに政治・外交的な意図があったことは明白である。

一方、ユーロや円も顕著に引き上げられている。こうした動きを見る限り、有事において「日米欧から同時に制裁を食らう」という展開は、ロシアとしても想定外だったのかもしれない。いずれにせよ、こうしたロシア中央銀行の動きは、右で見てきたようなＣＯＦＥＲにおける非ドル化のトレンドと一致するものである。

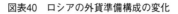

もちろん、巨額とはいえ、ロシア中央銀行の外貨準備は2021年末時点で約6300億ドルと世界全体の5％弱しか占めておらず、それだけでCOFERのトレンドが規定されるわけではない。

しかし、ドル覇権の未来を考える上で、ウクライナ危機におけるロシアへの制裁行動の意味はやはり大きい話に思える。2022年2月末、「金融の核兵器」とも形容されるSWIFT遮断が決断されているが、これはプーチン露大統領の姿勢が変わらない限りにおいて解除されそうにない。この「不便だが、ドル抜きで経済が運営できる」という状態が長期化すること自体、ドル覇権の頑健性にとってよい話とは言えない。ドル決済を主流とするSWIFTの遮断を契機としてロシアが中国の決済システムであるCIPSに常時接続するという可能性も指摘されている。それが新常態となれば、ドル覇権に楔が打ち込まれた格好になる。

現在の世界経済においてSWIFT遮断の影響は甚大だが、時間をかけることでロシアは「SWIFT抜きの世界」に適応する（そうしなければ生きられないのだから）。その「適応した」という事実は「いざとなったら米国からの金融制裁が怖い」と考える向きにとって頼もしい話になる。世界を見渡せば非民主国家と民主国家の数は拮抗しており[11]、「ドル決済の利便性」を享受しつつ、その裏返しである「ＳＷＩＦＴ遮断」に内心では怯える国々は潜在的に少ないとは言えない。「覇権」とまで呼ばれる状態が早晩変わることはあり得ないが、「ＳＷＩＦＴ抜きの世界」に目が慣れれば、徐々に、しかし確実に変化は起きる。

なお、「いざとなったら米国からの金融制裁が怖い」と考える国の筆頭は、約３・２兆ドル（２０２１年末時点）と世界最大の外貨準備を抱える中国だろう。その何％がドルで運用されているのか定かではないが、仮に６割でも約１・９兆ドルだ。ロシアが受けた各種制裁を目の当たりにして、同じように外貨準備の運用多様化を検討している（もしくは多様化が完了している）可能性は高い。ちなみに中国とロシアの外貨準備を合計すれば約３・８兆ドルであり、世界全体の約30％を占め、ＣＯＦＥＲ全体に与える影響も決して小さくない。

このように考えてみると、ウクライナ危機を契機として世界の外貨準備運用が大きな変化を強いられ、そのトレンドの中で円比率がどう変わっていくのかという目線も、今後は重要になりそうである。円を積極的に評価する理由は乏しくとも、ロシア中央銀行のようにドルを避けた結果、円やユーロといった通貨にフローが流れ込んでくる可能性もある。COFERに反映されるリザーブプレーヤーの動向は目先の金融市場を分析するには大き過ぎる話だが、経済のみならず政治・外交の思惑も交錯するデータとして面白い計数なので、関心を持った読者は是非、ご覧頂ければと思う。

第 6 章

パンデミック後の世界の為替市場
——通貨高競争の機運

世界は通貨高競争の様相

本書冒頭でも述べたように、内容の陳腐化を避けるべく、本書執筆にあたっては極力、目先の経済・金融情勢から距離を取り、中長期的な視座で円相場を取り巻く構造的な変化を議論することに努めたつもりである。しかし、最終章となる本章では、少しばかり目先の話もしておきたい。

2022年6月23日、パウエルFRB議長が金融政策に関する議会証言に立ち、米国経済の景気後退リスクを認めたことが話題となった。もちろん、この発言自体は重要なものであったが、2022年6月時点の米国経済は、大量の失業者を出すことでしか賃金（ひいてはサービス物価）の抑制が望めない状況にあったことも事実だった。よって、引き締め的な金融政策の結果としてGDP成長率が低成長（小さなプラス）なのか後退（マイナス）なのかというのは本質的な問題とは言えなかった。

一方、為替市場の観点からは、同じ講演において米国の利上げを背景とした為替市場におけるドル高についてパウエル議長が「インフレを緩和する効果がある」と明言したことが印象的だった。既に「インフレと戦う姿勢は無条件」とまで述べていたパウエル議長がドル高のインフレ抑制効果に言及したことで、米国の通貨・金融政策として改めてドル高の方針が表明されたような格好になった。

実際、同時期の世界を見渡せば、ＥＣＢ高官からも実効ベースでのユーロ高がインフレ抑制に寄与する旨が語られ、[12] かつては通貨安の必要性を主張し無制限の自国通貨売り介入までしていたスイス国立銀行（ＳＮＢ、第５章参照）も利上げと共に「必要ならば為替市場へ積極的に介入する」と自国通貨買い介入の構えを露わにしていた。なお、２０２２年７月21日のＥＣＢ政策理事会後の会見で、ラガルドＥＣＢ総裁はユーロ安を高インフレの一因として言及している。パウエルＦＲＢ議長の発言を持ち出すまでもなく、陰に陽に通貨高競争の様相を呈しているのが、本書執筆時点における世界の為替市場の現状である。

金融危機後に常態化した通貨安競争

「通貨高の方が望ましい」という状況は、２００８年の金融危機以降、為替市場と対峙してきた経験に照らすと隔世の感を覚える。２００８年９月のリーマンショック後、世界の中央銀行はこぞって超低金利政策にとどまらず量的緩和政策に象徴される非伝統的金融政策に手をつけ、（明示的にはそう言わないものの）通貨の低め誘導に尽くした。世界は他国の需要を奪い合う近隣窮乏化策、いわゆる通貨安競争の様相を強めた。

例えば2010年10月、韓国の慶州で開かれた20か国・地域（G20）財務相・中央銀行総裁会議は通貨問題が争点として注目され、「経済のファンダメンタルズ（基礎的条件）を反映し、市場で決定される為替レートシステムに移行し、競争的な切り下げを回避する」ことで一致、通貨安競争に自制を求める内容が示された。これは当時の中国に、人民元相場の切り上げを促す意図もあった。

金融危機後の通貨安競争を象徴する動きとして思い返されるのが2010年9月、オバマ米政権が公表した輸出倍増計画である。この計画の下、米国は名目輸出額に関し、2009年を起点として2015年までに倍増させるという方針を堂々と打ち出した。実際は5年で2倍にはならず、1・5倍超にとどまったが、この計画が暗にドル安計画だと理解されたことは言うまでもない。

図表41は当該5年間（2009～2014年）の名目実効ドル相場と米国の輸出額を見たものだが、2009～2013年にドルの低位安定が図られ、その間に輸出が急増したという事実は認められる。もちろん、相関関係であって因果関係ではないという部分もあろうが、米国大統領が輸出倍増を謳えば為替市場がそれに倣って動こうとするのは、全く不思議

図表41　米国の輸出とドル相場

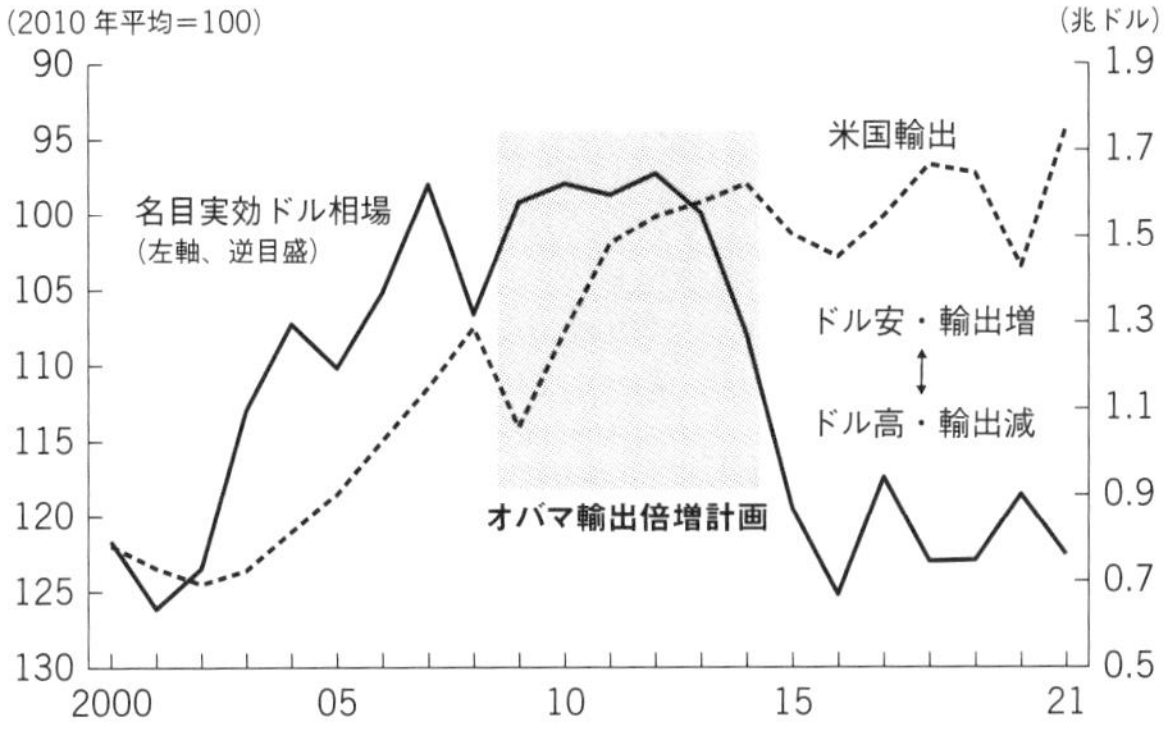

（出所）Macrobond

ではない。結果として実現したドル安が米国輸出を押し上げたことは否めない。

こうした通貨安競争の雰囲気は、FRBが正常化に舵を切り始めた2013年以降、少しずつ変わってきたが、そうなるまでは世界の通貨・金融政策は通貨安・緩和方向で定着していた。そうすることでしか国内経済の復活につなげることができないほど、世界経済は傷ついていたのである。

これに対し2022年は、パウエルFRB議長がインフレ抑制を至上命題とし、ドル高を有効な抑制手段として言及する状況に変わった。2022年秋に中間選挙を控え、インフレ率と支持率が反比例していると言われていたバイデン政権も、パウエル議長の主張に同調していると言われた。バイデン政権下のインフレを「バイデンフレーション」と揶揄する米国内の世論もあったことを踏まえれば、FRBの引き締め路線は政治的にも望まれるものだったのだろう。

白川体制の教訓

なお、そうしたリーマンショック後の通貨安競争で割を食ったのが日本だった。巨大な経常・貿易黒字を誇るデフレ通貨として世界の通貨高の按分を引き受けたことで、円は2011年10月には史上最高値（対ドルで75・32円）まで急騰を強いられた。当時の白川体制の政策運営を批判する向きもあるが、「巨額の貿易黒字を抱えるデフレ通貨」という立ち位置は、理論的に見ても円が買われやすい土壌を示唆していた。

事実、2012年頃までのドル／円相場の歴史は「円高の歴史」であり、それは「デフレの歴史」であり「貿易黒字の歴史」だった。当時の白川体制に対する政策批判があるとすれば、それは「どの程度の円高が適切だったのか」が争点になりそうだが、この点は本書の趣旨と逸れるので割愛する。当時の世論における白川体制への批判をラフに総括すれば「世界に逆行して緩和を渋っている」というものだったと記憶する。実際、当時の政策は２０１３

年4月以降、称賛を浴びることになる黒田体制のそれと本質的に同じ（超低金利と大規模な国債購入）だったのだが、「見せ方」は確かに上手くはなかった。冷静で理論的な語り口が白川元日銀総裁の強みであったが、円高で気が立っている世論に理論的な説明をしても火に油を注ぐだけであった。

しかし、BOX③でも論じたように、その白川体制を引き継いだ黒田体制の最終年度にあたる本書執筆時点では、当時の白川体制が直面した状況と似たような景色が、今度は円高相場ではなく円安相場の中で繰り広げられている。2022年の黒田体制は「世界に逆行して引き締めを渋っている」という構図にあり、世論は円安に苛立ち始めているように見える。

先進国におけるマイナス金利採用国は2022年7月末時点でスイス国立銀行（SNB）と日銀しか存在しないが、そのSNBも2022年中のマイナス金利終了が確実視されている。その結果、「円だけマイナス金利」という構図が浮かび上がりつつあるのが、本書執筆時点の為替市場環境である（前掲図表4）。しかも、厄介なことに日本の貿易赤字は巨額のままで、時の岸田政権は原発再稼働やインバウンド解禁といった円売りを緩和する需給議論に切り込めていないのが本書執筆時点の状況である。

かかる状況下、リーマンショック後に「世界の通貨高の按分を引き受けた」ように「世界の通貨安の按分を引き受けそう」というのが、2022年以降の円安局面を語る上での大局観として指摘できる。こうした状況は、通貨安が正義だった時代がパンデミックや戦争を受けて突如終わりを告げ、通貨高が求められる時代に入ったとも表現できるかもしれない。

本書が発刊されている頃の円相場の状況が果たしてそうした大局観に一致したものになっているのか。それとも想定外の事態を受けて、世界はさらに異なる方向に向かっているのか。筆者としても確たる自信はない。しかし、資源を含めた広い意味での物資調達に難儀する状況に直面し、「通貨高で滅びた国はない」という歴史的事実を思い返すべきだと感じている。にわかに熱を帯び始めている通貨高競争は世界経済の危機感の表れという側面もあるだろう。

フェアバリューのない為替市場において未来の議論をするのは、常に勇気が要ることである。この点、本書の第1章から第5章にかけての議論はなるべく腐らない視点に拘ったつもりだ。第6章は筆者なりの本書執筆時点の現状認識であり、どこまで賞味期限が持つか不安もあるが、思うところを書かせて頂いた。読者の方々が経済・金融情勢を学んだり、もしくは資産形成を検討したりする際に、少しでも本書の議論を思い出して頂き、何らかの一助になるのであれば望外の喜びである。

おわりに

直情的な為替市場が見えづらくする「過渡期」

２０２２年春以降の円安相場では、本当に多くの事業法人、機関投資家、そして為政者の方々と議論する機会に恵まれた。どのような立場にある人も、この国の形があまり良くない方向に変わろうとしている前兆として円安を評価していたように感じる。だからこそ、「はじめに」でも述べたように、中長期的な変化を議論する媒体として書籍という形を選ぶことに一定の価値（もしくは需要）があるのではないかと判断した次第である。

金融市場の中でも為替市場は特に直情的であり、本書で展開してきたような長い目線での議論は軽視されがちである。実際、為替であれ株式であれ、生活がかかっている市場参加者からすれば「長期的に正しくても短期的に誤っていれば自分の生活が困る」という本音は理解できる。いちいち基礎的な経済指標の発表を待ってポジションを作っていたら埒が明かないという思いは、自分が投資家であってもおそらく抱くと思う。

しかし、最終的に基礎的な経済条件（ファンダメンタルズ）に抗うことは難しい。2012年以降、貿易赤字の慢性化と共に為替相場が円高・ドル安に動きづらくなったという事実は、図表（本文中の図表7）を見れば一目瞭然である。長期的な運用を試みる市場参加者にとって、「未成熟な債権国」から「成熟した債権国」へ移行した2011～2012年頃を境とした約10年間は、まさに「円相場の過渡期」として整理すべき局面だったように感じられる。

その後の脱炭素、パンデミック、ウクライナ危機といった大きな時代の「うねり」が重なった2020～2022年の光景を見る限り、円相場はさらに新しい段階を模索しているようにも見える。そう考えると、かつてのような円高・ドル安水準にはもう回帰しない可能性も視野に入れるべきかもしれない。もちろん、為替市場に絶対はなく、可能性のひとつに過ぎないが、「かつてのように通貨高で悩む国ではなくなった」という印象は、本書執筆時点の日本社会を見ていて大いに感じる部分がある。

いずれにせよ、常に騒がしい金融市場において過渡期というものはいつでも感知しづらいものである。それゆえ少し立ち止まって考える試みも、時にはあってもよいと思う。本書執筆時点の強烈な資源高を踏まえると、資源の純輸入国である日本にとって「かつての円高は戻らないかもしれない」という予想は的中しない方がよいし、筆者もそれを願う。

「安い日本」としての復活を

しかし、用心に越したことはない。少なくとも日本の未来を担う為政者の方々におかれては、「かつての円高は戻らないかもしれない」というリスクを念頭に置いた上で経済政策をはじめとする国の舵取りを行って頂きたいと思う。「安い日本」が定着してしまったのであれば、もうそれを活かすことに思考を切り替えるしかない。本文中で紹介したｉＰｈｏｎｅ価格の例に限らないが、諸外国に比べた日本の「安さ」は冴えない国内賃金の結果も織り込んでおり、長い年月の末に蓄積した内外価格差である。よって簡単に解消するものとは考えられない。

そうであれば、今後は「安さ」を武器にした復活の道を探るしかない。「安さ」、すなわち「お買い得」であることが強みになった日本の財・サービスをどれだけ世界にアピールできるか、である。とりわけ「お買い得になったサービス」は観光立国の議論と結びつき、近年では注目されやすい。微妙な外交関係にある近隣諸国（中国や韓国など）からの外貨収入に依存することを快く思わない政治的立場も理解はできる。だが、日本の都合はさておき、自由な移動を保証すれば、ヒト・モノ・カネは必ず「お買い得な消費・投資先」に集まってくる。

　だが、2022年上半期の日本は、厳格な入国規制を水際対策と称して堅持し、外国人観光客（いわゆるインバウンド）を門前払いしてしまった。人口が減少し、資源も乏しい国が海外との交流を自ら断つという行為は、大変危険な試みに映る。2022年2月7日の日本経済新聞は「『コロナ鎖国』で日本離れ　シーメンス、投資保留」と題し、世界的にも特異な日本の水際対策を受けて対日投資を手控える外国企業の実情を報じている。何かあった時に従業員やその家族が締め出しを食らったり孤立したりするリスクを抱える国が、投資先として選ばれにくいのは想像に難くない。

　ビジネス分野以外も同様の問題が起きている。本文中でも言及したように、日本から海外へ旅行や留学することができる一方、その逆は制限するという構図は、どう考えても諸外国からの敬意を集めない。こうした状況を理由に交換留学協定が解消されるというのは非常に残念であり、もったいないことだが、必然の帰結と言わざるを得ない。このような流れを一刻も早く断ち切らなければ、日本にとって不可逆的なダメージは拡がるばかりだろう。

　今後の日本経済においては、極力多くのヒト・モノ・カネが日本へ集まり、消費・投資してくれるような環境を用意すべきである。その後、また資源安や円高が戻ってくるようなことがあっても、2021~2022年の苦しい経験を思い返せば、円高を昔のように邪険にすることもないだろう。日本は長らく「円高の怖さ」に苦慮し、それを敵対視することで財政・金融政策運営もこれに合わせて色々な形態がとられてきた。

しかし、パンデミックや戦争を通じて、「円安の怖さ」も国全体で学ぶことができたように感じる。「通貨高で滅びる国はなくても、その逆はありうる」という当然の事実は、相応に周知されたように思われる。これまでの日本では「円安こそ絶対正義」という雰囲気が強く、そこに議論の余地は許されないという雰囲気があった。円高にしろ、と言っているわけではない。しかし、パンデミックや戦争を契機として、日本における為替議論が円安・円高双方の立場から建設的な意見が交わされるような質的変化を遂げたのであれば、不幸中の幸いであると考えたい。

今回の執筆は、円の構造が過渡期を迎えている可能性を感じつつ、喧騒の中で「走りながら書く」という有様だった。次回、筆を執る機会があれば、その構造変化の着地点がはっきり見えている時を見計らって、より深掘りした議論を試みたいと思っている。

その時の日本が今よりも良い姿になっていることを祈って、今回は筆を擱かせて頂きたいと思う。

２０２２年７月

唐鎌　大輔

本文注

1　経常収支は貿易・サービス収支、第一次所得収支、第二次所得収支の合計だが、その大勢は貿易収支と第一次所得収支から理解できる。

2　日本経済新聞「Apple、日本で1日から一斉値上げ　『iPhone13』は19%」2022年7月1日

3　政府（内閣府）の示す「デフレ脱却」の判断基準としてはGDPデフレーターのほか、消費者物価指数（CPI）、単位労働コスト（ULC）、GDPギャップがあることで知られる。

4　時間当たり実質賃金の変化率は、①時間当たりの労働生産性上昇率、②交易条件の変化率、③労働分配率の変化率、の3つから構成される。時間当たり実質賃金は「時間当たり名目賃金÷CPI」で計算される。構成項目は、①は「実質GDP÷総労働投入時間」、②は「GDPデフレーター÷CPI」、③は「名目賃金×総労働投入時間÷名目GDP」で計算され、「時間当たり実質賃金=①×②×③」となる。本文中に論じた通り、GDPデフレーターとCPIの変化率の差は輸出品と輸入品の変化率の差であるため、これを交易条件の変化率と見なしている。

5　日本経済新聞朝刊「若者の投資は消費感覚　楽天証券・楠社長に聞く」2022年12月28日

6　2022年4月26日付日本経済新聞は「家計の国外逃避論じわり『悪い円安』があおる日本売り」と題し、「家計部門の円売り」について警鐘を鳴らしている。そのほかにも同年6月15日付日

本経済新聞は「岸田首相『資産所得倍増プラン』円安進行リスクも」と「貯蓄から投資へ」が進む過程での円安リスクに着目している。

7 米国の資金循環統計では国内・海外証券の区別がされていないため、外貨なのか内貨なのかという比較はここでは控えている。

8 植田和男「自己資本と中央銀行」日本金融学会、平成15年10月25日

9 トルコのエルドアン大統領は「高金利が高インフレを招く。よって利下げでインフレを抑制できる」という独自の理論を唱え、この思想をトルコ中央銀行に強いていることで知られていた。「高インフレに対し利下げで応戦する」という政策運営は文字通り火に油を注ぐようなものだが、この独自理論では「通貨を意図的に切り下げることで輸出が焚きつけられ、経常収支が改善、結果的に為替の安定も図られる」という通常では理解の難しいロジックが展開されている。一般的な経済理論からはかけ離れた政策運営は金融市場から支持されず、トルコ・リラは慢性的に下落を重ね、同国のＣＰＩも暴騰が続いた。市場から信認を得られない金融政策運営の末路を示す好例として用いられやすい。

10 ＮＧＥＵは「Next Generation EU（次世代のＥＵ）」の略。パンデミックにより打撃を受けた域内経済を再生するために練られたＥＵの施策のひとつ。総額７５００億ユーロの予算規模で、その全額がＥＵ加盟国による連帯保証される共同債の発行により市場調達される。ＥＵの永年の課題とされてきたユーロ圏共同債に対する一里塚として注目されている。

11　2019年、スウェーデンの調査機関 V-Dem は、世界の民主主義国・地域が87か国であるのに対し、非民主主義国は92か国となり、18年ぶりに非民主主義国が多数派になったという報告を発表している。

12　例えば2022年5月16日、ビルロワドガロー仏中銀総裁は会合において「輸入インフレをけん引する要因として実効為替レートの動向を注意深く見守っていく」と述べ、ユーロ安が物価安定目標に悪影響であるとの認識を示していた。裏を返せば「ユーロ高が物価安定目標に好影響」ということになる。

唐鎌大輔 からかま・だいすけ

みずほ銀行チーフマーケット・エコノミスト。2004年慶応義塾大学経済学部卒業後、JETRO入構。日本経済研究センター、欧州委員会経済金融総局への出向を経て、2008年10月、みずほコーポレート銀行入行。著書に『欧州リスク』『ECB 欧州中央銀行』『アフター・メルケル』ほか。

日経プレミアシリーズ 481

「強《つよ》い円《えん》」はどこへ行《い》ったのか

二〇二二年九月八日 一刷

著者 唐鎌大輔

発行者 國分正哉

発行 株式会社日経BP
日本経済新聞出版

発売 株式会社日経BPマーケティング
〒一〇五―八三〇八
東京都港区虎ノ門四―三―一二

装幀 ベターデイズ

組版 マーリンクレイン

印刷・製本 中央精版印刷株式会社

ISBN 978-4-296-11506-8

日経プレミアシリーズ480

世界食料危機

阮蔚

ロシアのウクライナへの軍事侵攻は、人類にとって欠くことのできない食料の供給が意外なほど脆弱であることをまざまざと見せつけた。なぜ両国の小麦やトウモロコシなどが世界の穀物貿易の鍵を握るようになったのか、さらには世界で進む穀物の生産・貿易・消費の地殻変動や脆弱性など危機の背景をわかりやすく解説する。

日経プレミアシリーズ482

SDGsファイナンス

白井さゆり

急成長するカーボンクレジット市場、中小企業向けのサプライチェーン・ファイナンスなど銀行の気候変動への取り組み、ESGマネーと公的資金を組み合わせたブレンデッドファイナンス――狭義のESGを超えて拡大、進化を続けるSDGsファイナンスの全貌に迫る。

日経プレミアシリーズ483

どうすれば日本人の賃金は上がるのか

野口悠紀雄

いまや、他の先進国と比べて、賃金の安い国となった日本。「物価は上がるのに、賃金が上がらない」現状は、私たちの生活をじわじわと追い詰めている。どうすれば、この状況から脱することができるのか？　独自のデータ分析によって長期的な賃金停滞の根本原因を明らかにし、日本経済の再活性化のためにいま本当に必要な施策は何かを考える。

日経プレミアシリーズ 453

安いニッポン 「価格」が示す停滞

中藤 玲

日本のディズニーランドの入園料は実は世界で最安値水準、港区の年平均所得1200万円はサンフランシスコでは「低所得」に当たる……いつしか物価も給与も「安い国」となりつつある日本。30年間の停滞から脱却する糸口はどこにあるのか。掲載と同時にSNSで爆発的な話題を呼んだ日本経済新聞記事をベースに、担当記者が取材を重ね書き下ろした、渾身の新書版。

日経プレミアシリーズ 460

コロナ倒産の真相

帝国データバンク情報部

アパレルの名門「レナウン」、小田原かまぼこの名店「丸う田代」、川湯温泉のホテル運営「自然塾」など、コロナ禍での23の破たんの舞台裏に迫る。資金繰りの判断ミス、無謀な投資、不正会計、横領など、信用調査マンが裏側を明かす。

日経プレミアシリーズ 446

給与クライシス

平康慶浩

「毎日まじめに働いていれば少しずつでも給与が上がる」。コロナショックによる社会変化によりそんな古い仕組みが過去のものになりつつある今、会社員はどのように生涯のキャリアを考えるべきか？ジョブ型とメンバーシップ型の給与体系の違い、テレワーク時代に評価されるスキル、転職先の選び方や学びなおしのヒントまで、人事のプロが解説する。

日経プレミアシリーズ 462

読書をする子は○○がすごい

榎本博明

テストの問題文が理解できない子どもたち。意思疎通がうまくできずに、増える暴力事件。ディスカッション型の学習をしても、発言する内容はお寒いばかり……。読書の効用は語彙力や読解力にとどまらない。子どもが豊かな人生を送るために、いま親としてできることとは何かを説く。

日経プレミアシリーズ 458

賢い子はスマホで何をしているのか

石戸奈々子

「子どもにスマホは絶対ダメ」、その価値観のままで本当にいいのだろうか？　デジタルを「学び」にうまく取り入れれば、未来の社会でAIに負けないような、思考力・創造力をはぐくむこともできる——デジタル教育の普及につとめてきた著者が、未来の教育を踏まえ、子どもとデバイスの適切な距離から、創造力を伸ばすツール、家庭でのデジタル教育の取り入れ方までを紹介する。

日経プレミアシリーズ 455

お殿様の定年後

安藤優一郎

江戸時代は泰平の世。高齢化が急速に進む中、大名達は著述活動、文化振興、芝居見物などで隠居後の長い人生を謳歌した。権力に未練を残しつつもそれぞれの事情で藩主の座を降りた後、時に藩の財政を逼迫させながらもアクティブに活動した彼らの姿を通じ、知られざる歴史の一面を描き出す。